基金项目：
苏教研〔2016〕9号"十三五"江苏省重点（培育）学科：理论经济学；
苏政办发〔2014〕37号江苏省高校优势学科建设工程二期项目省重点序列学科：应用经济学；
江苏高校哲学社会科学研究基金资助项目（2014SJB210）；
2017年度高校"青蓝工程"优秀教学团队：国际贸易专业CDIO教学团队。

经济管理学术文库·管理类

空间视角的中小企业发展环境比较研究

A comparative Study on the Development Environment of Minor Enterprises from the Spatial Perspective

崔到陵／著

图书在版编目（CIP）数据

空间视角的中小企业发展环境比较研究/崔到陵著 . —北京：经济管理出版社，2017. 11
ISBN 978 – 7 – 5096 – 5411 – 8

Ⅰ. ①空… Ⅱ. ①崔… Ⅲ. ①中小企业—发展环境—研究—中国 Ⅳ. ①F279. 243

中国版本图书馆 CIP 数据核字（2017）第 249071 号

组稿编辑：张巧梅
责任编辑：张巧梅
责任印制：黄章平
责任校对：雨　千

出版发行：经济管理出版社
（北京市海淀区北蜂窝 8 号中雅大厦 A 座 11 层　100038）
网　　址：www. E – mp. com. cn
电　　话：(010) 51915602
印　　刷：北京玺诚印务有限公司
经　　销：新华书店
开　　本：720mm×1000mm/16
印　　张：11. 25
字　　数：150 千字
版　　次：2018 年 1 月第 1 版　2018 年 1 月第 1 次印刷
书　　号：ISBN 978 – 7 – 5096 – 5411 – 8
定　　价：68. 00 元

·版权所有　翻印必究·

凡购本社图书，如有印装错误，由本社读者服务部负责调换。
联系地址：北京阜外月坛北小街 2 号
电话：(010) 68022974　　邮编：100836

前　言

改革开放以来，随着社会主义市场经济地位的逐步确立，在不断遵循比较优势和积极参与国际分工的战略思想指导下，中国的经济发展取得了举世瞩目的巨大成就。可以说，中国经济起飞的过程也是企业，特别是中小企业日益活跃的过程。显然，作为一个人口众多、资源贫乏的发展中大国，要实现民生改善与和平崛起的战略目标，营造一个良好的中小企业发展环境，乃是现在和今后相当长的一段时间里迫切需要解决的根本任务之所在。

本书以空间视角的中小企业发展环境比较研究为议题，着重从理论基础和实证分析两大块进行全面系统的分析和阐述，理论分析是实证分析的基础，实证分析又是理论分析的目的。在理论层面上，本书探讨了什么是中小企业和中小企业发展环境，以及空间视角与新古典视角关于中小企业发展环境的差异性结论，探讨了大企业作为中小企业发展环境，并开展基于产量序列的 Stackelberg 博弈和基于价格序列博弈（打价格战）对中小企业发展的影响。同时，阐述了在存在贸易自由度或运输成本的空间经济条件下，中小企业产业规模报酬递增和形成产业集聚的根源，并以空间经济学中的自由企业家模型、创新知识资本的局部溢出模型等理论来分析中小企业发展环境变迁的动力生成机制、要素流动对社会福利的影响等，而这些影响与新古典经济学的结论是完全不同的。

本书实证部分在构造了中小企业发展环境评价指标体系的基础上，分省域间和省域内两个层次全面展开。其中，基于省域间的中小企业发展环境分别对以民资为主发展而成的温州模式和以外资及其配套需求为主发展而成的苏州模式进行了比较分析，结果发现，我国经济增长硬环境（如交通、通信基础设施，政策支持和市场发育程度等因素）的改善对中小企业初期发展成效巨大，但初期以后，两地区往往因创新动力不足而出现不同程度的异化。具体表现是，苏州模式下的中小企业大多属于"外资俘获"型，处在全球产业链低端的中小企业规模增长，因更多地受到外在不经济规律的制约而出现"二元化"倾向；而温州模式下的中小企业大多属于市场交易费用节约型，生产经营的封闭性和分散化决定了其单个企业乃至整个产业的规模增长，因更多地受到规模报酬递减规律的制约而呈现"空心化"趋势。

基于省域内的中小企业发展环境的分析，在构造了一个包含经济、政治、金融及贸易与投资等环境在内的六大类共32个指标的中小企业发展环境评价体系的基础上，以江苏省两个有代表性的城市——苏南的苏州和苏北的徐州作为对照研究，结果显示，两地区城市竞争力和市场容量的不同是中小企业发展环境差异的主要原因，而决定城市竞争力和市场容量的因素包括：一为需求，即收入差距的拉大形成消费需求差异，大企业的存在对本土中小企业的配套需求形成投资需求差异；二为供给，也就是资源禀赋的不同形成非合意供给（环境污染及其他负外部性）和创新水平的不同形成有效供给的差异性。其他因素如一贯以来的中小企业融资难问题只是创新动力不足的结果而非原因，交通、能源、通信等基础设施环境的改善对中小企业发展的影响不显著，政府作为间接引导而非直接生产、政策制定而非政策承担的主体，其对中小企业发展环境的积极影响因受到地方经济和财力的制约而差异显著。

目 录

第 1 章 绪论 ·· 1

1.1 问题的提出 ··· 1
1.2 研究内容 ··· 5
1.3 研究方法 ··· 7
1.4 重要概念的含义与甄别 ······································· 9
1.5 本书结构 ··· 17

第 2 章 企业规模的分离与企业发展环境 ································ 20

2.1 什么是中小企业 ··· 20
2.2 企业发展环境概述 ·· 27
2.3 大企业作为中小企业的环境：产量与价格的序列博弈 ··· 29
2.4 中小企业发展环境 ·· 37

第3章 空间视角的企业发展环境理论 …… 42

3.1 一个中小企业选址博弈的案例分析 …… 42

3.2 产业的空间区位与中小企业 …… 47

3.3 企业家可流动下的两区域发展环境比较分析——基于自由企业家模型的理论视角 …… 56

3.4 创新资本可流动下的两区域发展环境比较分析——基于局部溢出模型的理论视角 …… 67

第4章 中小企业发展环境评价方法 …… 80

4.1 指标体系设计的基本原则 …… 81

4.2 评价指标体系设计的基本内容与方法 …… 84

4.3 空间指标的度量 …… 91

第5章 省域间中小企业发展环境比较的实证分析——以苏州和温州模式为例 …… 97

5.1 文献述评 …… 97

5.2 基于苏州模式的企业发展环境分析 …… 100

5.3 基于温州模式的企业发展环境分析 …… 107

5.4 结论与建议 …… 114

第6章 省域内中小企业发展环境比较的实证分析——以苏州和徐州两城市为例 …… 117

6.1 引言 …… 117

6.2 省域内中小企业发展环境评价指标体系的构建……………… 119

6.3 苏州与徐州两城市中小企业发展环境

评价指标的计量………………………………………………… 123

6.4 计算结果分析…………………………………………………… 131

6.5 结论与建议……………………………………………………… 136

第7章 结论与展望 ………………………………………………… 140

7.1 主要研究结论…………………………………………………… 140

7.2 主要创新点……………………………………………………… 142

7.3 有待拓展的研究………………………………………………… 143

附录 中小企业划型标准规定 …………………………………… 145

参考文献 …………………………………………………………… 151

后 记 ……………………………………………………………… 166

第1章 绪论

1.1 问题的提出

改革开放以来，中国以持续高速增长的经济成就而举世瞩目。据统计测算，1978~2010年，国内生产总值年均实际增长率和人均国内生产总值年均真实增长率比1953~1977年计划经济时期要高出4~5个百分点[1]。对于我国经济持续高速增长成因的解释，目前理论界已有众说纷纭的观点，有从制度变迁角度论述的，认为中国经济增长得益于体制转轨过程中的放权让利，在区域经济的充分竞争中形成了生产要素在区域内和区域间的重新配置机制，激发了市场的活力所致；有从中央与地方财政分权制度改革入手，解释地方政府主导下的区际竞

---

[1] 孙斌栋. 制度变迁与区域经济增长 [M]. 北京：科学出版社，2007.

争,从而内生了经济增长驱动引擎(沈坤荣、李永友,2009)所致;有从改革开放后,产业集群知识溢出及贸易自由度的改变入手,在实行比较优势战略的外向型经济的影响下,以"世界工厂"为典型特点的制造业国际分工地位的逐步强化和依赖,促进了我国经济的纵深发展(林毅夫,1996)等。为此,有学者甚至提出"中国模式"① 的观点。但所有这些代表性的阐述其着眼点都较为宏观,对我国微观经济主体企业,特别是中小企业活力的激发和释放,其阐释仍有相当的空间可供探讨。

诚如马克思所言,"物质资料的生产是人类存在和发展的基础"。问题是,人类的生产活动,在计划经济条件下的生产与在市场经济条件下的生产,为什么在效率上前后会有那么大的差距呢?一种直观的解释是,企业生产活动要么得益于生产技术的改进,要么得益于生产活动的环境发生了改变。

事实上,在以经济建设为中心,以解放和发展生产力为目标的经济体制改革中,由于生产力的核心组成部分是各类生产要素,因此,可以说解放生产力的实质就是要创造生产要素易于流动和自我组合的各种条件,实现这一条件的基本工具就是各级各类政策和制度的及时跟进,这方面的典型代表如农村联产承包责任制的落实,使农村劳动要素自由流动成为可能,20世纪80年代后期的"乡镇企业"异军突起是农村劳动生产力的又一次大解放,世纪之交的国有企业"抓大放小""国退民进"的改革,使城市民营中小企业的长足发展成为可能。这里我们都看到了企业,特别是中小企业日益活跃的影子,中小企业

---

① 姚洋. 是否存在一个"中国模式"[J]. 新华航空,2008(7).

不断从旧的计划经济体制的束缚中解脱出来，根据要素禀赋的先决条件在区域不平衡发展中首先取得突破，加上创新供给和外需拓展的因素，中小企业创造了前所未有的惊人业绩。

但是这种政府主导的经济发展模式无一例外的着眼点是"给政策"，要么放松管制，要么实行行业的定向扶持。由于各级各类政策作为要素之一不可避免地具有边际收益递减的特点，且在长期内，根据理性预期学派的观点，任何政策都是无效的，于是，由此而来的经济可持续发展就会成为一个重要而突出的问题。具体来说，就是如何保持中小企业一贯以来的活力？如何把国民收入的增长与国民收入的分配有机统一起来？在比较优势战略思想指导下，如何加强区域经济的自组织能力，如何发挥各地产业集群的优势互补作用？等等，这显然是摆在中央和各级地方政府，同时也是摆在广大学术研究者面前的一大现实课题。毫无疑问，它涉及创新理论的提出、观察和分析问题视角的改变、中小企业发展环境的建设问题，以及涉及经济实践的解释与经济理论的一致性检验等问题。

在理论层面上，我们知道，新古典经济学是传统经济学的典型代表，多年来，人们总是习惯于用这种深入人心、根深蒂固的新古典范式来分析和解释现实经济问题。例如，在经济增长问题的认识上，依照新古典经济学逻辑，除去技术进步的影响因素之外，长期经济增长的源泉应当是人口规模的增长，收入分配的差距随长期经济增长的关系，可以表示为倒"U"型曲线，即收入分配在经济增长的初期有恶化倾向，到最终实现收入分配差距的缩小乃至实现均等化的可能。毫无疑问，1953～2010年，我国人口变化的长期趋势一直是上升的，从改革开放经济全球化而引起的技术进步、技术溢出的角度来看，也一直是处于上升的路线，那么在新古典经济学的分析框架下，是不是可以完全解释我国的经济增长和收入分配现状呢？

这就要看在新古典经济学的基本框架下，可以得出什么样的分析结论，其结论对中小企业发展环境的解释是否延续逻辑一致的分析脉络？例如新古典经济增长理论认为，随着贸易自由度的改变，必然会出现要素报酬均等化。这一结论显然与我国的现实差距相去甚远，因为无论经济增长从东西部之间、城乡之间，还是收入分配从地区差别、行业差别之间，我国都出现了日益拉大的趋势，城市经济、块状经济的趋势日渐明显。又如，在新古典经济学的分析框架中，作为经济增长总供给一方的实现主体，企业的空间区位选择是不重要的。换句话说，企业几乎可以在没有空间维度的平面上从事与运输成本无关的同质性的生产活动。但现实世界中，任何企业在创立之初，甚至在经营活动整个过程中都无法忽视产业区位的选择对生产经营效率的巨大影响。因为现实世界不可能是一个没有交易费用的世界，理论上假定交易费用为 0，或者不考虑交易费用对经济活动的影响，显然缺乏对现实的企业发展环境及产业结构布局的解释能力，无法解释企业的区位选择对生产和销售活动的积极意义，诸如此类问题，无疑需要寻找新的理论视角，并进行分析工具和分析方法的创新。

1.2 研究内容

本书从空间经济学的视角对中小企业发展环境作全方位的比较研究。具体地说，研究内容分为理论梳理和实证分析两个部分，理论分析内容包含以下三方面：一是对中小企业发展环境作理论分析视角的比较。比较空间经济学与传统的新古典经济学分析范式的差异，以近年来新兴发展的空间经济学原理为基础，利用核心—边缘（CP）模型，由核心—边缘而衍生的自由企业家（FE）模型，以及建立在局部溢出模型基础上的中小企业区位选择理论作为分析的理论工具，侧重分析以运输成本为代表的交易费用的变化，而导致的集聚地中小企业发展环境的改善，即溢出效应，外在经济和规模经济效应的形成机制，企业集聚所产生的企业收益、要素报酬，乃至整个社会福利的变化对中小企业发展环境的突出影响。二是中小企业与大企业的理论认定，也就是从企业集合中把中小企业分离出来，揭示其理论标准是什么，实际划分的标准又是什么等。三是考察作为影响中小企业发展环境重要因素的大企业与中小企业的关系。通常意义上来说，中小企业与大企业的关系要么是一种替代关系，要么是一种互补关系，而这两种关系各占多大比例，揭示其相互依赖、相互作用的机制是什么等，本书借助于经济博弈理论中的 Stackelberg 模型来加以分析，研究大企业作为中小企业发展的先决条件，即既定环境下作为领导者角色的大企业和作为追随者角色的中小企业的生存策略的选择问题。

实证分析部分的内容基于这样的考虑,由于影响要素流动的成本不同,进而形成有不同特点的中小企业发展环境。一般来说,影响要素流动的成本在空间经济学中涉及两方面的内容:一是自然成本,也就是我们所熟悉的运输成本,这种成本是因空间距离而存在的,空间距离是无法克服的自然现象,所以这种成本称为自然成本;二是制度成本,这种成本因地区间不同的地方性法规、地方政府扮演的角色、地方保护主义定位,或者人们观念的差异而产生,通常表现在商品、资本,以及人员流动方面的限制,政府服务于市场的效率和公平性,知识产权保护强度方面等,这些成本是人为因素造成的,因此称之为制度成本。

本书选择制度成本和运输成本,以及贸易自由度为主要影响因素,具体地说,在考虑省域间的中小企业发展环境时,侧重分析因制度成本(当然也包含运输成本在内)的不同,地方政府与市场关系的不同,同时也是贸易自由度的不同,而形成的中小企业发展环境的不同特点,案例分析以苏州和温州模式为例。在考虑省域内的中小企业发展环境时,分析的重点主要不是基于制度成本的差异,而是由运输成本不同所形成的中小企业发展环境的差异性,案例分析以作为新兴转型城市的苏州和作为苏北老工业基地的徐州为重点。

1.3 研究方法

本书既包括理论研究，也包括实证研究，从研究的目的来看，主要是分析解释不同空间条件下中小企业的发展环境的比较问题，其中空间视角表现为与新古典经济学的分析假设的前提不同、分析方法的不同等。而实证研究以省域间和省域内的典型城市为案例展开，实证研究是本书的重点所在，理论分析是实证分析的基础和准备。

1.3.1 理论研究

理论研究以空间经济学的理论和方法，特别是空间数量经济学的分析方法为基础，解释制约中小企业发展环境的主要因素，本书以大企业和中小企业的垄断竞争市场结构为前提，研究了大企业作为中小企业的环境，以及与中小企业开展完全信息的博弈，对中小企业的发展环境影响，包括影响的性质与类型等，同时也研究了规模报酬递增的形成机制，产业集聚与分散的原动力，利用核心—边缘（CP）模型的分析方法、自由企业家（FE）模型、局部溢出（LS）模型的分析逻辑和分析前提，对中小企业发展环境进行理论视角的考察。

1.3.2 实证研究

实证研究部分包括若干相关的案例研究。

1.3.2.1 案例选取的标准

（1）真实性。本书所选取的代表性的城市空间案例涉及不同文化传统背景，特别是在社会资本丰厚而商业文化传统有显著差异的城市——苏州和温州，分析两地区中小企业发展环境的差异性，同时作为省域内的中小企业发展，把苏北老工业基地的徐州作为转型中的中小企业发展环境的代表与苏州作为新兴工业转型相对成功的中小企业发展环境进行对比分析，考察形成省域间和省域内的中小企业发展环境的差异性及其成因。

（2）目的性。本书研究的目的是探讨形成中小企业发展环境差异的原因，包括制度成因、历史成因、资源禀赋成因、创新环境成因、外需成因、内需成因等，通过构建全面系统的评价指标体系来加以分析，以此揭示中小企业发展环境的影响机制和形成的经济效应等。

（3）典型性。改革开放以来，我国经济发展取得了举世瞩目的成就，在国际国内形成了一大批有一定知名度和影响力，能够"叫得响"和"拿得出"的地区产业发展模式，本书选择苏州模式和温州模式作为分析对象，认为两地区中小企业发展目前所遇到的问题和挑战在全国来讲具有标本意义和借鉴作用，通过深入的比较分析所得到的代表性和前瞻性的分析结论，对认清国内其他地区的中小企业发展环境的趋势走向是十分有利的，因此更能为决策者提供有针对性的政策依据。

（4）可比性。中小企业发展环境的可比性是实证分析中所要考虑的最重要的因素之一，之所以把徐州和苏州的中小企业发展环境作对比，那是因为政府服务、政策措施、财政补贴等在政府层面上是相同的，在其他方面的因素，如资源禀赋、市场机制、创新能力等方面两地区所显示出来的明显的差别,就易于寻找出更为关键的原因,而将温州与苏州相比,侧重点在于外向型经济与政府对外开放策略,民营企业家对于企业家精神的发挥和认同、管理创新能力等也能够相对直观地得出有说服力的研究结论来。

1.3.2.2 实证研究的方法和思路

实证研究中使用的原始数据均来自中国统计年鉴,包括所在省份的统计年鉴和各地的统计公报、经济年鉴和相应的专业数据库等,同时也通过实地调研的方法和抽样调查的方法,把地区发展的感性认识及时上升到理性分析的平台上来,通过构建中小企业发展环境评价指标体系,把定性分析与定量分析相结合,寻找经济理论支撑的落脚点,分析实际经济现象背后的成因,但我们也不迷信定量的技术和方法。我们认为只有建立在定性分析下的数量分析支撑才是可比的、有意义的。

为研究的需要,在案例选择和中小企业发展环境评价指标体系的选择上,进行了不同视角、不同研究侧面的挖掘和选取,力求体现经济空间分析的层次性和指标分配的典型性和可比性,复合分析指标的选择利用因子分析法、聚类分析法和多因素回归分析方法等,注意把截面数据与时间数列数据的分析结合起来。

1.4 重要概念的含义与甄别

1.4.1 空间的含义

实际上,要弄清经济学上的空间含义无疑是十分困难的。因为尽管人类的经济活动从未离开过任何空间维度，但不可否认的是，在古典和新古典主流经济学的分析框架中，空间一直是以一种含混不清的潜在角色而存在的。难怪40多年前，艾萨德（Isard W.）就曾抨击经济学分析一直是"在一个没有空间维度的空中楼阁中"进行的。Marshall A. 甚至认为跟时间要素比起来，空间要素在经济学中是可以忽略不计的。事实上，空间经济学中要讨论的空间概念，只不过是在一般的"时空"维度的"空间"中，增加了属于空间经济学的特定内含而已。

在空间经济学中，"空间"的含义至少包含如下三个方面的内容：首先，空间作为产品或要素交换活动的场所，或者说是一个有形或者无形的市场的概念。它常常把交易主体的"自组织"现象作为主要的分析对象，把不完全竞争市场、产品差别化，甚至把信息不对称的因素纳入到经济组织结构的分析框架中来。显然，这与新古典经济学默认市场是规范匀质的假设条件是完全不同的。

其次，空间是一个经济区位的概念。它考虑到了商品生产地与市场之间的距离问题，把以冰山交易成本为代表的空间运输费用，抑或贸易自由度纳入到一般均衡分析的框架中来，形成了特有的以市场为中心的产业区位分布的特征。在经济学发展史上，最早讨论经济区位的是德国著名的经济学家 Thunen Von。在1826年出版的名著《孤立国》中，Thunen Von 阐述了一个以城市为中心，由六层同心圆环架构的圈层布局理论。他认为地租随着向外延伸的半径的增大而逐渐递减的原因，主要是由于中心城市同外围的资源配置或贸易关系受到运输费用的影响造成的。

最后,空间是一个规模报酬递增、块状经济聚集经济的概念。同新古典主流经济学默认经济是规模报酬不变的呈"平滑"形态的分析观点不同,空间经济学强调空间生产组织单位具有规模报酬递增进而表现出块状经济聚集经济的特点。在空间经济学中,规模报酬递增是一个跟经济活动的外部性紧密联系的概念,表现为知识或技术的创新效应和溢出效应,创新和溢出是一个经济体产生集聚现象的原生动力所在。

综上所述,与新古典经济学相区别的空间经济学中的"空间"是指这样的一个"非匀质""非平滑"和"非中性"的块状经济区域,在这个经济区域里,市场结构形态是非完全竞争(垄断竞争的)的,因而产品是差异化的,不同区位之间是非平滑的,区位之间的贸易活动存在着冰山交易成本(运输成本),生产要素的使用具有非规模报酬不变性的特点。

克鲁格曼等(Krugman,1998a,1998b;Fujita et al.,1999)指出,新古典主流经济学之所以长期缺失空间维度,不得不一直沿用一种较为"松散"的分析框架的原因,主要是由于缺乏处理规模经济导致的收益递增和不完全竞争的建模技术工具所致。这种状况直到迪克西特—斯蒂格利茨分析框架的出现才有根本性的扭转。与发端于农耕文明自然经济形态的古典和新古典经济学不同,空间经济学诞生于工业文明发展的初期,为了简化理论分析,它在建模技术上,常常以两部门生产作为分析的基础,其中农业以完全竞争、产品无差异为研究的前提条件,工业部门以垄断竞争产品差异化现象为研究的前提条件。于是,空间经济学与传统的区域经济学或区位经济分析之间的关系,

空间视角的中小企业发展环境比较研究

可以形象地概括为一种类似化学和物理学之间的关系。

1.4.2 空间的含义及其与新古典视角下空间内涵的差异性

如前所述，既然空间作为一种"非匀质""非平滑"和"非中性"的经济区域而存在，那么空间视角的经济学分析理所应当是一种"非中性"的分析的范式，这种范式显然是同新古典分析相对而言的。为了清楚阐述空间视角下的经济分析典型命题，此处以局部溢出模型为例展开讨论。所谓"局部溢出"系指本地知识资本的溢出可以完全被本地资本创造所利用，外地知识资本对本地的溢出效应随空间距离的增加而逐渐减弱。长期中，根据无套利均衡原则，单位资本的收益总是相同的，同时也满足资本价值与资本成本相等，也就是托宾 $q=1$ 的条件。

用算式表示就是：$\pi = \pi^* = bE^w/K^w$，其中，π 和 π^* 分别表示两个呈块状的经济空间区域 1 和区域 2 的资本收益（参数前加 * 号表示区域 2 地区，不加 * 号则表示区域 1 地区，下同），b 为某一系数，E^w 为经济系统，即区域 1、区域 2 的总收入，K^w 为经济系统总资本存量。经济系统的总支出等于经济系统要素总收入减去创造新资本所支出的部分，而总收入包括劳动的收入（$w_L L + w_L^* L^* = L^w$）和资本收益（$\pi s_n K^w + \pi^* (1 - s_n) K^w = bE^w$），式中，$L$、$L^*$ 分别为区域 1、区域 2 的劳动投入量，w_L、w_L^* 分别为区域 1、区域 2 的工人的工资水平，S_n 表示区域 1 的人口份额。支出包括补偿资本折旧的支出（$-\delta K^w a_I$），保持资本存量以 g 增长的支出（$-gK^w a_I$），故而经济系统的总收入 $E^w = L^w + bE^w - (g + \delta)(K a_I + K^* a_I^*)$，式中，$a_I$ 表示单位资本的劳动投入量，δ 为资本折旧率。从此式中求出 E^w 则有：

$$E^w = \frac{L^w}{1-b} - \frac{g+\delta}{1-b}\left(\frac{s_K}{s_K + \lambda(1-s_K)} + \frac{1-s_K}{\lambda s_K + (1-s_K)}\right) \quad (1-1)$$

式中，$\lambda \in [0, 1]$，表示公共知识在空间溢出的难易度，λ 越大，区际间的知识溢出越容易，新资本生产成本就越小。

考虑新古典经济视角下产业为长期均衡分布时，$s_K = 1/2$，把它代入式（1-1），则：

$$E^w = \frac{L^w}{1-b} - \frac{g+\delta}{1-b}\left(\frac{s_K}{s_K + \lambda(1-s_K)} + \frac{1-s_K}{\lambda s_K + (1-s_K)}\right) = \frac{1}{1-b}\left(L^w - \frac{2(g+\delta)}{1+\lambda}\right)$$

$$(1-2)$$

当对称均衡时，$s_L = s_K = s_E = 1/2$、$B = B^* = 1$①，因此：

$$q = \frac{v}{F} = \frac{\pi}{(\rho+\delta+g)w_L a_I} = \frac{\pi K^w A}{\rho+\delta+g} = \frac{bBE^w A}{\rho+\delta+g} = \frac{b(1+\lambda)E^w}{2(\rho+\delta+g)} = 1$$

把 E^w 代入上式，解出 g，则：

$$g = \frac{b(1+\lambda)}{2}L^w - (1-b)\rho - \delta, \quad E^w = L^w + \frac{2\rho}{1+\lambda} \quad (1-3)$$

式（1-3）表示产业为长期对称均衡分布时的资本增长率。式中资本折旧率（δ）和折现率（ρ）以及 $b = \mu/\sigma$ 是常量。从式（1-3）可以看出，新古典索洛模型增长理论，即经济长期均衡产业为均衡分布时，资本增长率与知识资本溢出效应和人口禀赋成正比，知识资本的溢出效应和人口规模越大，则经济增长率也越大。当经济处于对称均衡时，区域1和区域2的资本增长率相等，且等于经济系统资本增长率。

---

① 指标 B 和 B^* 的含义，可参见 Krugman, P. Increasing Returns and Economic Geography [J]. Journal of Political Economy, 1991（99）：483-499，限于篇幅，我们不予推导并直接引用。

考虑产业聚集在某一区域且经济实现长期均衡,即 λ = 1 时,由式 (1 - 3) 得,$g = bL^w - (1 - b)\rho - \delta$,$E^w = L^w + \rho$。

不难得出,产业聚集时的资本增长率与产业呈对称分布时的资本增长率之差为 $b(1 - \lambda)L^w/2$,易知该值始终为正。所以产业聚集时的资本增长率大于新古典产业呈均衡分布时的资本增长率,这说明产业集聚提高了资本增长率。

再考虑新古典框架与空间经济学 DS 框架下的经济增长率和国民收入的地区分配问题。在局部溢出模型中,经济系统的名义收入 E^w 是居民的可支配收入(相当于购买力),包括劳动收入、资本收入,还要减去补偿资本折旧和维持资本按一定增长率积累所需的投入,名义 GDP 还包括投资(用 I 来表示),而投资又等于 $(g + \delta)(Ka_I + K^* a_I^*)$。因此:

产业呈对称均衡状态时:

$$E^w = \frac{L^w}{1 - b} - \frac{2(g + \delta)}{(1 - b)(1 + \lambda)}, \quad GDP = E^w + I = L^w + bE^w$$

产业呈核心—边缘均衡状态时:

$E^w = L^w + \rho$,$GDP = (1 + b)L^w + b\rho$

显然,由于上面的两组式子均与资本份额无关,这说明资本份额的增加并不影响经济系统的名义收入和名义 GDP。根据空间经济学建模思想①,单位资本对应着一种工业品的生产,因此随着资本份额的增

---

① 根据建模从简,目的在于揭示主要经济变量之间相互影响的关系,假定每个制造业企业只生产一种产品,这样企业的数量就和产品的种类相等,由此可以得出,工业品需求函数和价格指数更为简洁的表达式,二者的具体形式,可参见 Krugman, P. Increasing Returns and Economic Geography [J]. Journal of Political Economy, 1991 (99): 483 - 499.

加,产品种类也以资本增长率相同的速度增加,而产品种类的增加降低了每个区域的生活成本指数,进而产业集聚可以提高居民的实际收入水平和实际 GDP。

当资本或者说产业的空间分布对称时,两个区域的名义收入相等,实际收入也相等。由于某种冲击,资本的对称分布被打破时,名义收入和实际收入便开始发生变化。当所有资本或者说所有产业聚集在一个区域时,经济系统的名义收入为 $E^w = L^w + \rho$,名义收入的地区分配是完全不同的,资本聚集区的居民不仅获得劳动报酬同时也获得资本报酬,而无资本聚集区的居民由于没有资本份额,只获得劳动报酬。由于两个区域的劳动力禀赋是相等的,故而,资本聚集区的名义收入为 $\rho + L^w/2$,无资本聚集区的名义收入为 $L^w/2$。这样资本聚集区的名义收入水平显然高于无资本聚集区的名义收入水平。且一个区域资本份额(或产业份额)越多,则名义收入水平也会越高。

再看两个区域工业品价格指数。根据 CP 模型中的价格指数①计算公式,可得资本聚集区域的价格指数 $P = 1$,而无资本聚集区域的价格指数为 $P^* = \varphi^{-\mu/(1-\sigma)} > 1$(式中,$\varphi$ 为跨区域 1、区域 2 的贸易自由度,它与广义运输成本,亦即冰山交易成本 τ 有关,$\varphi = \tau^{1-\sigma}$),因此 $P^* > P$。这说明,资本聚集区的实际收入水平为 $\rho + L^w/2$,而无资本聚集区的实际收入水平为 $L^w/2\varphi^{-\mu/(1-\sigma)}$,资本聚集区的实际收入水平高于无资本聚集区的实际收入水平。

以上分析表明,资本或产业聚集区不仅名义收入高于无资本聚集

---

① CP 模型中的价格指数的含义,可参见 Krugman, P. Increasing Returns and Economic Geography [J]. Journal of Political Economy, 1991 (99): 483 - 499,限于篇幅,我们不予推导并直接引用。

区，价格指数也低于无资本聚集区，两者的结合使得资本或产业聚集区的收入水平大大高于无资本聚集区的收入水平。产业集聚对产业集聚地的经济增长和收入分配产生了十分显著的积极效应，产业集聚对经济增长和收入分配的影响不再是中性的，在不考虑技术进步的情况下，这与新古典经济学把长期经济增长的源泉归结为人口增长，以及把长期均衡时的收入分配归结为要素价格（收入）均等化的命题是完全不同的。

1.4.3 苏州模式与温州模式

我国在计划经济向市场经济转轨过程中通过放权让利，利用市场机制调动地方发展经济的积极性，实现地区间的竞争与合作，随着各地资源禀赋的不同和传统商业文化的差异，逐渐形成了不同地区特色鲜明的产业空间发展模式，与本书相关的比较典型的经济发展模式有苏州模式和温州模式。

一般来说，我国区域经济发展中的苏州模式是指地方政府直接走向前台，依靠强大的招商引资策略，利用劳动力成本优势，借助外资的技术管理及商业渠道，以制造业为基础，从事简单的加工装配，并以出口为导向的产业发展模式。

所谓温州模式是指地方政府采取"无为而治"，通过明晰和保护私有产权，依靠包括民间资本和商业智慧在内的民间自发力量作为核心生产要素，以良好的社会资本作为发展平台，抓住国内不同时期的市场需求，通过发展一系列以家庭工业、劳动密集产业为主而形成的地区内部纵向一体化程度较高的工商业发展模式。这两种发展模式中的中小企业，前者主要作为外资的产业配套而存在，后者以家庭工业联合体的形式,分享着集聚经济的内部和外部优势。

作为省域间中小企业发展环境的比较分析,本书以苏州模式和温州模式为案例展开分析。

1.5 本书结构

本书分四部分共有 7 章内容,通过一定层次的文本组织技术路线,把相关内容按照内在的逻辑关系联结起来,结构分布如图 1-1 所示。第一部分为绪论,主要包括问题的提出、研究内容、研究方法与结构设计、重要概念的界定和本书的篇章结构等。

第二部分试图从理论层面上梳理中小企业和中小企业发展环境的含义,空间视角的中小企业发展环境理论,以及中小企业发展环境评价方法原则等。第 2 章界定什么是中小企业,以及什么是中小企业发展所需要的环境,并利用产量序列的 Stackelberg 博弈和价格序列博弈理论分析中小企业与大企业的关系问题,这是把大企业作为中小企业发展环境来看待的。第 3 章从一个现实的案例分析入手,直观分析了中小企业选址博弈,中小企业的产业空间区位的选择问题,利用空间经济学中的自由企业家模型和局部溢出模型的理论,分别考察企业家可流动和知识资本可流动条件下的中小企业发展环境差别问题。第 4 章是中小企业发展环境评价理论,由此为实证分析部分的内容奠定了一个前期的理论基础。

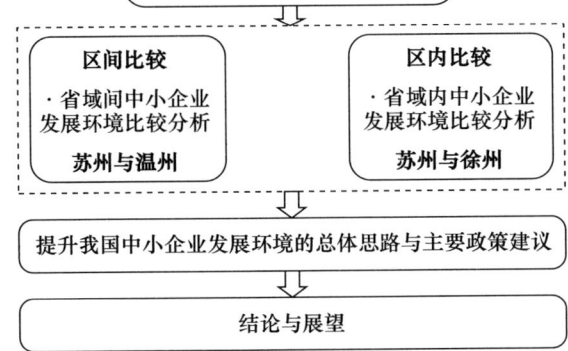

图 1-1 本书结构框架

第三部分是实证分析部分。力图通过不同区域的案例研究,揭示由制度成本和运输成本所刻画的贸易自由度差别约束条件下企业发展环境的综合评价问题。具体地说,第 5 章通过两种产业模式,即温州模式与苏州模式所代表的省域间的中小企业发展环境的比较问题。第6章通过省域内的两个城市,即转型后的苏南的苏州和转型中的苏北的徐州中小企业发展环境的比较,来考察外资集聚地的苏州和老工业基地的徐州中小企业发展环境的比较问题。通过计量经济分析和各类型单一指标与综合指标的选取,来对中小企业发展环境做出系统化的鉴别比较。

最后一部分是结论与展望。对前文得出的重要结论进行分析总结,在此基础上提出我国中小企业发展环境的若干建设性的政策和建议。文章最后指出了需要进一步深化和扩展的研究任务。

第 2 章　企业规模的分离与企业发展环境

2.1　什么是中小企业

2.1.1　中小企业理论界定的困难

人们通常所说的企业是指从事生产、流通、服务等经济活动,以营利为目的,自负盈亏,依法设立的经济组织,它是从事生产流通服务等经济活动的社会经济单位。中小企业,顾名思义,是同行业中的大企业相对而言,且生产规模较小的企业。关于中小企业标准的认定,这是一个看似简单、实则复杂的问题。全世界不同的国家和地区企业规模划分都很难有客观、固定和普遍的标准。因为抽象的理论界定,往往会面临经济实践中的复杂性企业生态的考验。按照通常的标准,根据企业雇佣劳动者规模来确定中小企业似乎是合适的,例如,美国规定制造业和批发业行业中,12个月平均500人以下者为中小企业,按此一标准,日本有一个32人的生产检验大规模集成电路图形缺陷设备的公司必定属于中小企业,可是该企业年销售额却达到32亿日元,人均产量是一般大企业的3倍之多,产品国内市场占有率达到90%以上,因而从竞争力角度来看,该企业应当是一个规模相当的大企业(舒萍,2000)。再如,美国汽车公司在雇佣人数上曾经一度达到3万多人,销售额超过10亿美元,在资产规模上排名美国所有公司的前63位,在世界制造公司的百强之列,按道理该企业应当属于大企业行列。但1966年,美国政府小企业管理局却裁定其为小企业。因为从另一组数据来看,该公司的销售额只能达到最大通用公司的1/20,所占市场份额不到3%或4%。作为美国汽车工业的侏儒,几乎到了难以维持的程度。所以这样的企业当属小企业无疑。

所以说,在中小企业理论界定时,如果考虑到其复杂构成及影响因素,比如,家族企业中家庭财产与企业财产的分割、有形资产与无形资产价值的认定、总资产与净资产的区别、通货膨胀因素、信息不对称条件下的企业财产的可测性等方面,中小企业的确立就更加困难。

现代管理学之父彼得·德鲁克(Peter F. Drucker)致力于从企业规模整体性概念出发,提出一种简单的界定中小企业的方法,他认为企业的管理和管理结构是决定中小企业与大企业差别的唯一真正因素,中小企业的特点是至多只要求一个专门从事高层管理工作,而不从事其他任何职能的工作,处于顶层的那个人用不着参考书面资料或征求同事意见就能知道组织中担任关键职责的那几个人（通常不超过 12 ~ 15 人）。笔者认为，用这种方法界定小企业或许是可以的，但对大企业与中型企业来说，企业管理结构的认定操作性仍显不足。

国内学者许进（2009）认为，中小企业数量规模的界定其困难之处主要在于，中小企业的相对性具体表现包括：一是中小企业所在行业的相对性，不同行业中中小企业界定标准显然不一样，例如，商品流通行业与生产性行业中的中小企业按资产规模和从业人数来认定，差异就很大；二是地域的相对性，发展中国家和发达国家对中小企业认定的差异会比较大，在发达国家通行的标准下的中小企业在发展中国家必定是一个大企业，如美国汽车公司，假如在中国，根据其各项指标的表现必然界定为大企业，改革开放前的国有大企业，即便出现亏损，也不被认定为小企业就是明证；三是时间的相对性，中小企业的标准会随着经济发展和社会变化而不断修订，从前标准的大企业随着时间的推移可能变成中小企业，而从前标准的中小企业有可能成长为大企业等。

2.1.2 中小企业"质"与"量"兼顾的界定原则

对中小企业的界定，国内有很多学者提出了富有创建性的见解。蒋伏心（1999）认为小企业的"小"是规模的概念，可以通过生产要素和经营结果反映出来，林民书（2000）和包锡妹（2000）认为中小企业系指对所在行业而言不居市场主导地位的经营性组织，余惠芬（2000）认为企业资源的占有和配置在行业内部不占有绝对优势的企业是中小企业。换句话说，在各行业中除去具有垄断地位的企业寡头

第 2 章　企业规模的分离与企业发展环境

之外，剩下的经营性盈利机构都被归结为中小企业。这些观点的共同之处因中小企业所在行业的差别而不具备可比性，所以中小企业理当由分行业的相对地位来确定。这就引出了"质"的标准与"量"的标准相结合来界定中小企业的基本原则。通常，"质"与"量"相结合的方法依据的不是某个单一指标，而是根据一组指标或复合指标进行的。

具体来说，所谓质的标准，它是一个整体概念，而不是指企业的某一个方面，需要考虑到企业的所有制结构、行业结构、所占市场份额，以及是否享有经营自主权等（林汉川、魏中奇，2000）。所谓量的标准，系指用中小企业从业人数、资产额、销售额、产品附加值、产品种类的复杂性、介入市场的数量及工艺技术的复杂性等来衡量的指标（舒萍，1998）。"质"与"量"中的任何单独的某项指标都不能在中小企业界定中起决定作用。

从质的规定性方面来看，对某些常见类型的行业，世界各国分别出台了分行业的中小企业的界定标准，然后在这些具体的行业中，给出中小企业量化认定标准，使中小企业的认定具备了可操作性。表2-1给出了美国、日本、韩国、欧盟、德国和中国台湾地区中小企业最新界定标准。

表 2-1　美国、日本、韩国、欧盟、德国和中国台湾地区中小企业最新界定标准一览

国家/地区	中小企业最新界定
美国	雇工人数不超过 500 人
日本	制造业等：从业人数 300 人以下或资本额 3 亿日元以下 批发业：从业人数 100 人以下或资本额 1 亿日元以下 零售业：从业人数 50 人以下或资本额 5000 万日元以下 服务业：从业人数 100 人以下或资本额 5000 万日元以下

· 23 ·

续表

国家/地区	中小企业最新界定
韩国	制造、采矿、运输业 300 人以下，建筑业 200 人以下，资产额在 5 亿韩元以下的 批发业 50 人以下，资产额在 2 亿韩元以下的 商业及其他服务业 20 人以下，资产额在 500 万韩元以下的
欧盟	雇员人数在 250 人以下，并且年产值不超过 4000 万欧元，或者资产年度负债总额不超过 2700 万欧元，并且不被一个或几个大企业持有 25% 以上股权。其中，雇员少于 50 人，年产值不超过 700 万欧元，或者资产年度负债总额不超过 500 万欧元，并且具有独立法人地位的企业为小企业
德国	从业人数在 500 人以下，年营业额在 1 亿马克以下。具备独立所有，所有权和经营权统一，对企业进行个人或家族式管理，不是其他企业的下属单位，经营者自担风险，不能在资本市场直接融资等条件
中国台湾地区	制造业：经常雇员人数在 200 人以下，或资本额在 8000 万元新台币以下的 矿石与土石开采业：经常雇员人数在 200 人以下，或资本额在 8000 万元新台币以下的 服务业：经常雇员人数在 50 人以下，或营业额在 1 万亿元新台币以下的

资料来源：美国国会. 美国小企业法. 2001；日本小企业. 日本中小企业白皮书. 2000；Activities in favour of SME and the Craft Secter, European Commision, 1998, p. 15；于宗先，王金利. 台湾小企业成长. 中国台湾经济研究所，2001. 德国和韩国的数据来源于陈乃醒. 中小企业经营与发展 [M]. 经济管理出版社，1999.

从以上资料可以看出，由于各国（地区）经济发展水平、文化背景，以及划分中小企业的政策目标存在差异，故而不同的国家（地区）所采用的界定中小企业的标准是各不相同的，有时即便在同一国家（地区），由于行业的差异和所处的经济历史发展阶段不同，中小企业划分和认定的标准也会存在不同。一般来说，欧美各国会采用比较宽松的中小企业划分标准，以便在制定和执行优惠扶持政策时具有一定的弹性。相比之下，亚洲各国（地区），尤其是日本和中国台湾地区，其政策对中小企业一般持积极态度，扶持力度较大，因此，在规定中小企业划分标准时，倾向于以较严的口径为主。

总的来说，中小企业界定标准的动态性、灵活性、针对性和可操作性是各国各地区正在寻求的方向。在充分尊重行业差异和生产技术水平不同特点的基础上，选取较为直观简易的指标，如资产规模、所吸纳的就业量、产品销售额或营业额等，作为中小企业这一概念划分标准，同时强调中小企业的相对独立性，并力图将中小企业与有大企业背景的子公司，特别是持股、控股子公司区别开来，以利于开展实施国家产业扶持战略，真正实现对中小企业雪中送炭，而不是锦上添花式的扶持，提高有限的公共资源，特别是有限的政府财力和物力的配置效率，是中小企业概念界定的主要目标。

2.1.3 我国中小企业标准的认定

我国作为人口大国，发展经济的目的除了增强综合国力之外，就是改善人民生活，实现社会的公平正义。因此就业问题不但是经济增长问题，同时也是一个重要的收入分配和社会保障问题。很显然，促进中小企业的发展可以很好地协调效率和公平之间的关系。目前，我国发展中小企业首要的任务是准确界定符合中国国情的中小企业标准。事实上，在新中国成立以来，党和政府一贯都十分重视中小企业的发展，根据各个时期经济发展的目标主题不同，曾经一度根据固定资产规模来划分企业类型。1962 年，改用从业人员数量标准来划分中小企业，一般企业职工在 500 人以下的为小型企业，500～3000 人的为中型企业，3000 人以上的为大型企业。

1978年，又按照年综合生产能力作为划分中小企业的依据，1984年确立了非工业企业的固定资产和生产经营能力的规模标准。之后，对企业的标准进行了陆续修订。1999年，以销售收入和资产总额为依据，将企业分为特大型、大型、中型和小型四类。其中，销售收入和资产总额在5亿元以下，5000万元以上的为中型企业，销售收入和资产总额在5000万元以下的为小型企业，到2003年1月1日，全国人大常委会颁布《中华人民共和国中小企业促进法》，随后出台了《中小企业标准暂行规定》。根据企业从业人数、销售收入、资产总额等指标，结合行业的具体特点来划分中小企业。2005年国务院出台了《关于鼓励支持和引导个体私营等非公有制经济发展的若干意见》。为应对2008年的全球性国际金融危机，2009年国务院出台了《关于进一步促进中小企业发展的若干意见》。在新形势下，让中小企业承担我国经济转型的重要排头兵。2011年6月，我国政府又重新出台《中小企业划型标准规定》（见本书附录）。对中小企业认定标准的制定更加细致和完备，体现了不同所有制形式和不同规模下的中小企业将享受同样的政策待遇。

同以往中小企业界定标准相比，《中小企业划型标准规定》结合行业的具体情况，突出了以下几个特点：一是简化了考核指标的界定。有很多行业，仅仅从从业人数或营业收入这么一两个指标来考核，例如住宿和餐饮业，软件和信息技术服务业，批发和零售业，信息传输业，工业，交通运输、仓储和邮政业等行业，只采用了从业人员数和营业收入两个指标。建筑业采用营业收入、资产总额两个指标。农、林、牧、渔业采用经营总收入，居民服务、文化、体育等服务行业采用从业人员数量单个指标。二是结合不同行业，注意区别采用指标的设置，体现出很强的灵活性原则。如建筑业受项目或季节影响，人员数量具有较大的波动性，其新标准采用能够反映行业实际的营业收入和资产总额指标。三是从数据资源共享和实际操作的角度出发，注意与现有财务会计和统计调查制度相衔接，注意与国际标准或其他国家标准接轨，方便经验交流、比较和借鉴。

总而言之，划分和确认中小企业的目的是优化中小企业发展环境，进一步出台中小企业普惠性的政策措施，有针对性地扶持中小企业，促进其成长壮大，同时强调中小企业与大企业的明确界限，避免旨在扶持中小企业的优惠措施被同行业中的大企业捷足先登，使政策效果大打折扣。

2.2 企业发展环境概述

企业发展环境从汉语字面意思来看，环即环绕，一般是指人或事物周围有形的东西；境即境界，一般是指人或事物周围无形的东西；发即发达发育，表示人或事物的能量场在空间上的延伸或扩大；展即延展，即人或事物的影响力在时间（或空间）上的延续。于是发展环境合在一起，可以理解为使人或事物的动力系统在时间和空间中得以延伸延续的有形或无形的外在（约束）条件。企业作为社会产品的供给者，需要在什么样的外在条件约束下开展生产活动，这无疑需要从生产函数所要研究的内容说起。

一般来说，企业的生产函数可以借用如下形式来表达：

$$Y = A(t)f(L, K)$$

式中，A（t）为技术进步因子，L为劳动投入量，K为资本投入量，Y为既定要素供给条件下企业所能提供的最大可能的产量。四大基本要素中其他两种要素，如土地、企业家的才能等作为必要的生产条件，可以隐性地包含在上式之中。

很显然，作为企业发展所需要的环境，一个完备的市场条件应当是其存在和发展的物质基础。因为市场作为要素的来源和产品最终的出路，影响着企业作为生产技术"黑箱"的两端。在此基础上，一些有形的投入要素，如劳动、资本、土地、企业家的才能等往往牵涉到诸多无形的保障条件，如地区性的资源禀赋、制度条件、人口或人力资本供给条件、法制化水平、文化条件、科技创新条件、交通通信基础设施硬件条件、能源供应条件、消费者的偏好等。这些因素共同构成了企业内外在约束条件，形成企业发展环境的直接与间接影响因素。

当然，作为约束条件的企业发展环境理论是极其复杂和专业的，从动态的发展过程来看，有关此方面的文献可以说是汗牛充栋，如企业的性质、企业的企业家理论、企业的激励理论、企业的惰性区域理论、企业的区位选择理论、企业的演化理论、企业的合同理论、企业的投资阻塞理论（皮建才，2005）等。单从某个方面来看，如果企业的发展受到限制，必定是某个环节出了问题。显然，这些问题也是企业发展环境所需要研究的重要内容。作为空间视角的中小企业发展环境研究，本书并不追踪研究单个企业或具体行业发展所受到的制约问题，而是从产业、从系统化的中小企业所表现得一般性的共性问题入手进行提炼和总结，力图用适当的指标反映出发展环境的变化，以期为宏观政策制定和共享中小企业发展经验教训提供基础。

空间视角的中小企业发展环境理论认为，消费者的偏好包括需求的强度（需求量）和需求的多样性是形成企业规模报酬递增的根源。而运输成本或地区间贸易自由度的存在是形成中小企业集聚现象的根源。

企业发展环境优化和改善是市场机制内生性自主调节的结果，这种从产业角度而不是着眼于单个企业或单个行业出发的发展环境，是沿袭亚当·斯密的"看不见的手"的理论，并把张伯伦的垄断竞争理论有机结合起来，内生性的发展环境的演进甚至完全不需要政府的直接干预，可通过自我强化的方式自觉实现和完成。

2.3 大企业作为中小企业的环境：产量与价格的序列博弈[①]

2.3.1 大企业与中小企业产量序列的 Stackelberg 博弈分析

在一个行业中，经常存在大小规模不同的各类型企业，通常，大企业在行业中处于支配地位——领导者地位，而中小企业常常处于被

---

① 本小节中案例分析的写作参考了平新乔. 微观经济学十八讲 [M]. 北京大学出版社，2011.

支配地位——追随者地位，二者相互影响形成一个利益共同体。

德国学者 Stackelberg 在 1934 年的一篇论文中研究了大企业与中小企业基于产量序列的博弈现象。设市场上存在一个居于领导地位的支配性大企业和若干家中小企业，那些中小企业经常是先等待支配性大企业宣布其产量计划，然后再据以调整自己的产量。

为简单起见，我们讨论一个处于支配地位的大企业（企业 1）和一个处于被支配地位的代表型中小企业（企业 2）的产量序列博弈情况。假定处于领导者的大企业 1 宣布了自己的产量决策，即该企业向市场提供了 q_1 数量的产品，对于追随者中小企业来说，q_1 是一给定的量，那么我们就可以求出追随者（企业 2）的反应函数，$q_2 = f_2(q_1)$。

由于企业间博弈信息是完全的，一旦领导者知道它给出了 q_1 产量会导致中小企业的产品供给量 $q_2 = f_2(q_1)$，那么它就会选择在企业的反应函数的约束条件下，追求自身利润的最大化，并最终形成各自不同的均衡产量，即：

$$\begin{cases} \max_{q_1} \{p(q_1 + q_2) - c_1(q_1)\} \\ s.t. \quad q_2 = f(q_1) \end{cases}$$

该问题的求解思路是，先根据已知条件求出追随者 2 的利润最大化条件下的反应函数，然后在追随者 2 的反应函数约束条件下求出领导者的利润最大化条件，即得到企业 2 的反应函数，由此可以求出领导者企业的具体的市场份额，进而也得到追随者的市场份额。

设企业 1、企业 2 所面对的市场需求函数为 $p = 100 - 0.5(q_1 + q_2)$，$c_1 = 5q_2$ 是大企业 1 的成本函数，$c_2 = 0.5q_2^2$ 是中小企业 2 的成本函数。

当大企业 1 宣布向市场提供产量为 q_1 的商品时，则由中小企业的利润最大化条件，得出：

$$\frac{\partial \pi_2}{\partial q_2} = 0 \Rightarrow q_2 = \frac{100 - 0.5q_1}{2}$$

这就是中小企业 2 的反应函数。

来看领导者大企业 1 的利润最大化条件，即在企业 2 的反应函数约束条件下，有 $\frac{\partial \pi_1}{\partial q_1} = 0$。

$$\pi_1(q_1) = \left[100 - 0.5\left(q_1 + \frac{100 - 0.5q_1}{2}\right)\right]q_1 - 5q_1^2 = 70q_1 - 0.375q_1^2$$

$$\therefore \frac{\partial \pi_1}{\partial q_1} = 70 - 0.75q_1 = 0$$

故而，$q_1 = 93\frac{1}{3}$，$q_2 = 26\frac{2}{3}$。

我们把代表性中小企业 2 的反应函数代入市场需求函数中，可以得到代表性中小企业 2 的需求函数：

$p = 1.5q_2$

而代表性中小企业 2 的边际成本函数为 $MC = q_2$。易知，在与大企业的完全信息博弈中，中小企业定价策略符合 $p \geq MC$ 条件。即中小企业也是按边际成本加成定价法则定价的。这显然比在完全竞争市场条件下，中小企业作为价格的接受者，因而沿用边际成本定价法则能获得更高潜在的收益水平。

接下来讨论大企业均衡产量的变化。假设企业 1 面对的不是中小企业，而是规模相当的另一大企业，此时两家企业开展的将不是 Stackelberg 竞争，而是 Cournot 竞争的话，那么两家大企业的均衡产量的决定只需要根据各自的利润最大化准则来确定即可。

企业 1 的利润函数为：

$\pi_1(q_1) = [100 - 0.5(q_1 + q_2)]q_1 - 5q_1$

$\therefore \frac{\partial \pi_1}{\partial q_1} = 0$，得到企业 1 的反应函数为：$q_1 = 95 - 0.5q_2$

企业 2 的利润函数为：

$\pi_2(q_2) = [100 - 0.5(q_1 + q_2)]q_2 - 0.5q_2^2$。

$\therefore \frac{\partial \pi_2}{\partial q_2} = 0$，得到企业 2 的反应函数为：$q_2 = 50 - 0.25q_1$

把两个方程联立起来，可以解出大企业 1、中小企业 2 的均衡产量分别为 $q_1 = 80$，$q_2 = 30$。

显然，对于大企业 1 而言，与中小企业开展 Stackelberg 竞争，比与另一大企业开展古诺竞争时，均衡产量提高了。所以，大企业与中小企业互为彼此提供的发展环境，显然要优于大企业之间互为彼此提供的发展环境。同时，中小企业与大企业开展 Stackelberg 竞争，比中小企业之间开展完全竞争时，定价策略改变了，定价水平提高了。这说明，大企业与中小企业基于产量序列 Stackelberg 博弈时，大企业的介入改善了中小企业的发展环境。或者说大企业对中小企业具有溢出效应，即一个基于产量序列博弈的垄断竞争的市场结构不仅对大企业有利，同时对中小企业也是有利的。

2.3.2 大企业与中小企业的价格领导型博弈分析

假如一个行业中，大企业与中小企业的竞争不是基于产量序列来开展的，而是通过"打价格战"的方式进行，现在来看大企业的存在对中小企业发展环境的影响。

假设具有行业领导或支配能力的大企业 1 不是先宣布产量，而是先作出价格决策，由于大企业 1 和代表性中小企业 2 同样遵循完全信息博弈，于是大企业 1 在宣布价格水平以前，必定会充分考虑作为追随者身份的中小企业的反应形态。于是，二者的博弈分析可以遵循反向归纳的思路来进行，先分析代表性中小企业 2 对于大企业 1 给出的价格所采取的反应，然后再分析大企业如何选择最优价格水平问题。

假定领导者大企业 1 给出的产品定价为 p，处于追随者身份的代表型中小企业 2 必须作为此价格的接受者角色而存在。否则，当追随者中小企业 2 的定价如果高于 p 的话，那它将完全失去市场，如果低于 p 的话，则大企业 1 将完全失去市场，这与中小企业 2 作为追随者的身份相悖。因此，在达到均衡状态时，中小企业必然全盘接受大企业 1 的定价策略。此时，中小企业作为追随者所采取的行为只能是选择一个合适的产量水平，使其实现利润最大化。具体来说，中小企业面对得将是如下类型的规划问题：

$$\max_{q_2}\{pq_2 - c_2(q_2)\}$$

我们由此得到代表性中小企业 2 按边际收益 MR_2 等于边际成本 MC_2 的原则决定产量。从中可以得到追随者中小企业 2 的供给函数。

而一旦追随者代表型中小企业 2 在领导者给定的价格 p 下，决定了其供给函数 $S_2(p)$ 的话，那么市场需求留给领导者大企业 1 的需求函数，应当是残差需求函数，记为 R（p），即：

$$R(p) = D(p) - S_2(p)$$

式中，D（p）为两家企业的市场需求函数。

为使讨论不失一般性，我们假定两家进行价格序列博弈的企业的市场需求函数为 $D(p) = a - bp$，追随者中小企业2的成本函数为 $c_2 = 0.5q_2^2$，领导者企业1的成本函数为 $c_1 = cq_2$，这里 a、b、c 均为正的参数。

如前所述，代表性中小企业2是作为追随者身份出现的，故而它只是大企业价格的接受者，根据 $MR_2 = MC_2$ 条件有：

$c_2 = 0.5q_2^2 \Rightarrow MC_2 = q_2$

$TR = pq_2 \Rightarrow MR = p$

于是，我们得到中小企业2的供给函数：

$S_2(p) = q_2$

由此，我们得到领导者大企业1所面临的残差需求曲线为：

$R(p) = D(p) - S_2(p) = a - bp - p = a - (b+1)p$

$\therefore p = \dfrac{a}{b+1} - \dfrac{1}{b+1} q_1$

再根据大企业利润最大化条件，$MR_1 = MC_1$，求解 q_1。

$\therefore \pi_1 = pq_1 - c_1(q_1) = \left[\dfrac{a}{b+1} - \dfrac{1}{b+1} q_1\right] q_1 - cq_1$

$\therefore \dfrac{\partial \pi_1}{\partial q_1} = \dfrac{a}{b+1} - \dfrac{2q_1}{b+1} - c = 0$

$\therefore q_1 = \dfrac{a - c(b+1)}{2}$

代入大企业1的残差需求函数有：

$\therefore p = \dfrac{a}{b+1} - \dfrac{1}{b+1}\left(\dfrac{a - c(b+1)}{2}\right) = \dfrac{a}{2(b+1)} + \dfrac{c}{2}$

设 Y_1、Y_2 分别为大企业和作为追随者的中小企业的总收益水平，则有：

$$Y_1 = (a-(b+1)p)p = ap-(b+1)p^2 \Rightarrow \frac{\partial Y_1}{\partial p} = a-2(b+1)p$$

$$Y_2 = p^2 \Rightarrow \frac{\partial Y_2}{\partial p} = 2p$$

由上述两个式子可知，当价格水平 $p \geq \frac{a}{2(b+1)}$ 时，Y_1 是 p 的减函数，于是当价格水平 p 下降时，大企业是收益在递增，而中小企业的收益水平在下降。当 $\frac{a}{2+2(b+1)} < p \leq \frac{a}{2(b+1)}$ 时，尽管 p 下降时，Y_1、Y_2 都在下降，显然中小企业的收益 Y_2 要比大企业 Y_1 收益下降的速度更快。这说明，$p \geq \frac{a}{2(b+1)}$ 是大企业收益的绝对优势区，而 $\frac{a}{2+2(b+1)} < p \leq \frac{a}{2(b+1)}$ 是大企业价格下降的缓冲区，而只有当 $p < \frac{a}{2+2(b+1)}$ 时，大企业收益下降的速度才超过中小企业。

再考虑 Y_1、Y_2 的价格弹性 E_1、E_2，易知：

$$E_1 = \frac{\partial Y_1}{\partial p} \cdot \frac{p}{Y_1} = \frac{a-2(b+1)p}{a-(b+1)p} = 2 - \frac{a}{a-(b+1)p},$$

$$E_2 = \frac{\partial Y_2}{\partial p} \cdot \frac{p}{Y_2} = 2。$$

由此得出，中小企业对价格变化的敏感性显然比大企业要大。

从这个案例中我们可以提炼出价格序列博弈时，大企业对中小企业发展环境的影响机制。首先，从绝对量上来看，在完全信息博弈条件下，中小企业作为大企业的追随者，当大企业处在价格位于边际成本之上的均衡状态时，如果它采取以价格换市场的竞争策略，此时就会

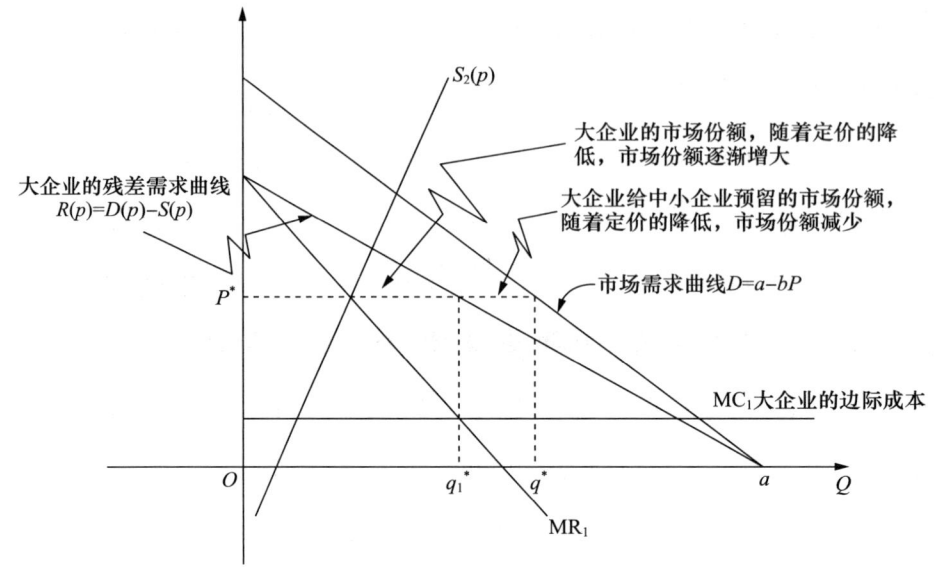

图 2-1　大企业与中小企业的价格序列博弈

对中小企业形成致命打击，因为大企业在降低价格时，其市场份额在逐渐增大，即"价跌量涨"，而作为价格的接受者，中小企业在价格降低时，市场份额与价格同步减少，即中小企业必将承担"价量齐跌"的损失。当大企业降价到一定阈值时，尽管同样也会出现亏损，但大企业亏损的速度显然比中小企业更慢，只有在中小企业几乎完全退出市场时，大企业的降价才会出现自身亏损速度的加快。由此可以看出，价格战将使中小企业面临着毁灭性打击。

其次，从总收益变化的敏感性来看，当大企业降价时，总收益对价格水平的敏感性不如中小企业，所以大企业在与中小企业发生价格战时，中小企业发展环境常常会迅速恶化，甚至不堪一击。由此可以认识到，价格战实际上是一种由大企业垄断造成的市场失灵现象。弥补这种市场失灵需要政府的介入,如颁布《反垄断法》或《反不正当竞争法》等,借以发挥市场机制在资源配置中的积极作用。

再次,当大企业提价时,大企业的市场容量会出现萎缩,而中小企业在大企业提价中会出现"搭便车"现象,即中小企业将获得价格和市场容量的双重收益,这当然与大企业的理性原则相违背,所以中小企业的存在对于消费者获得物美价廉的商品具有至关重要的促进作用。从这个意义上来说,反价格垄断和反不正当竞争,进而可以保护中小企业的发展,实际上是保护消费者权益和提高整个社会福利的重要途径。

最后,价格序列博弈中的大企业与中小企业的现实博弈策略是,当大企业提高价格时,中小企业可以保持现行价格不变,而当大企业降低价格时,中小企业必将降低自己的产品价格,所以在垄断竞争的市场结构中,中小企业的存在对大企业也构成了一种现实的制约,致使大企业出现了在机会成本意义上的零利润效应。

通过以上两个案例的分析,我们发现基于产量序列的 Stackelberg 博弈行为,大企业的存在常常是提升或者说优化了中小企业的发展环境,而基于价格序列的完全信息博弈行为以及大企业的存在往往是恶化了中小企业的发展环境。

2.4 中小企业发展环境

强调中小企业发展环境而不是笼统地和大企业的发展环境作比较,

必须要把中小企业从大企业为主导的企业发展生态中分离出来。什么是中小企业所需要的环境？我们认为，要回答这个问题，需要分别从市场结构、资金链、经济绩效和创新动力来源等几个方面入手。从市场结构方面来看，完全竞争市场和完全垄断市场必定不是中小企业发展所需要的"好"的环境，这是由两种市场结构的特点决定的。在完全竞争市场中，产品具有同质性，产品间差异较小，企业间替代性较强。因此，企业作为价格和数量的接受者而非制定者，缺乏应有的主动性和市场竞争力，尽管经济学上，完全竞争市场是公认的最富效率的市场，但这种效率与产业竞争力、技术创新和技术进步并不兼容，故而完全竞争市场显然并不十分有利于企业的长期可持续发展。好在现实经济中，标准意义上的完全竞争市场并不存在，所以完全竞争市场作为企业发展环境只有理论探讨的意义。另外，完全垄断市场作为不利于中小企业发展的理由是显而易见的，因为在完全垄断市场中，经济中只存在唯一一个垄断的大企业，其垄断行为不仅会导致社会福利净损失，而且会导致一个既不公平又无效率的结果。前文已经述及，当大企业与中小企业"打价格战"时，中小企业会面临几近毁灭的境地。因此一个反垄断，尤其是一个反行政垄断的经济环境无疑是中小企业发展所需要的环境。

这一点似乎有现成的案例加以佐证，改革开放以来，国有企业改革经历了许多十分重大的政策调整。比如，"抓大放小"就是由垄断走向垄断竞争的一个可圈可点的重要举措。人们似乎可以得出这样一个印象，但凡国有企业（也就是大企业）发展得"好"的地方，中小企业并没有得到有效的发展，而凡是外资企业发展得"好"的地方，中小企业发展得似乎都较为"不错"。这从另外一个角度说明，外资企业（大企业）对本土中小企业的技术溢出和配套需求可能明显要大于国有企业（大企业）对民营中小企业的外部溢出效应，其中的原因可能是两种大企业即国有企业和外资企业对市场的垄断势力不同造成的。

这样看来，一个垄断竞争的市场结构乃是中小企业发展所需要的环境。新经济地理学的研究结果已经表明，在消费者集中的地方，市场规模也相对较大，这样消费者对差异化的产品偏好和企业的产品定价权一定程度上的回归（以边际成本加成定价），就会导致一个规模报酬递增的结果，规模报酬递增的原因来自两方面：一是本地市场放大效应导致外在经济现象，二是产业的集聚所导致的边际收益超过平均收益的内在经济现象。

问题是，企业规模报酬递增的现象所导致的未必是形成完全垄断的大企业，而是一种产业集聚的效果，产业集聚的规模报酬递增必将带给单个中小企业的外在经济效应，因此，一个以垄断竞争为标志的产业集聚的环境进而也是市场容量大、城市竞争力强的环境，也是中小企业发展所需要的"好"的环境之一。

从金融发展环境来看，中小企业融资难问题一直是非常突出的问题，尽管大的金融机构在资金实力、网点分布、风险应对等方面占有绝对优势，但从实践方面来看，由于信息不对称和交易费用的原因，大的金融机构支持中小企业的发展往往并不具有比较优势，因此在制度层面上，促进中小企业与中小金融机构同步协调发展，就显得尤为重要，即中小企业融资难问题的解决出路，在于大力发展中小金融机构，形成与大的金融机构互为垄断竞争的格局，从而改变传统的那种大金融机构一统天下的垄断局面。这就说明，现代制造业的垄断竞争结构需要一个金融服务业的垄断竞争结构与之相对应。

以上是从外部环境来看，现在从内部发展环境来看，中小企业发展所需要的环境从根本上来讲，还是创新环境的营造。1912年熊彼特的《经济发展理论》一书首次强调了企业家在创新中的重要作用，认为企业家是把新组合引入生产体系，实现了新组合的人是能够意识到创造发明的未来潜能，并敢于冒发明和创新风险的人。

由于创新的类型繁多，因此中小企业实施不同的创新所需要的环境也各有不同，这里以技术创新为例阐述影响创新环境的因素。

在创新环境的营造中，最重要的环节是教育环境。黄敬明（1999）认为，教育是创造企业家的重要手段之一，它对企业家的创新意识和创新绩效的影响十分突出。很多高层次专门人才都是学校培养出来的，这些人创立的企业不必像过去传统产业如钢铁、汽车行业，在厂房设备上初期投入巨大，高新技术企业比如小型电脑公司，往往一间办公室几台电脑就可以正式营业，而学校在创造知识智力密集型企业家比创造资本密集型企业家更具有优势。其次是企业家"干中学"的环境，即产业集聚过程中的知识溢出的可能性。一般来说，在"干中学"创新环境中，中小企业比大企业更具有比较优势，因为大企业往往偏好保持其既有科研成果的完善，而不像中小企业那样急切地将科研成果转化，大企业的决策程序复杂，其相关环节相互牵制、相互制约，最终会影响企业的创新精神，而中小企业家往往身体力行参与技术创新活动，作为创新活动的领导者和组织者，体现的是对市场积极而敏锐的反应。

　　中小企业的技术创新环境涉及的因素非常多,一些老生常谈的方面,比如法制环境、知识产权保护强度、创新风险的分散机制等,由于这方面侧重于实践性和可操作性,新的理论和新的分析视角不多,本书拟在实证分析或案例分析中加以阐述。

第3章 空间视角的企业发展环境理论

3.1 一个中小企业选址博弈的案例分析①

以城市里的大超市作为大企业，小的便利店或小商铺作为小企业来分析企业选址的规律性。张五常在《博弈理论的争议》一文中，提出了一个揭示空间经济学上的豪泰林悖论（Hoteling Paradox）的案例。这个"悖论"说，在一条长路的两侧均匀分布着居民住宅区，现在要开一家超级市场，为节省顾客的交通费用，地点应该选择在长路的中间点。假如开两家，理应分别选在长路的1/4和3/4点的位置。但两家为了尽可能地抢生意，一家往中点迁移，另一家也将靠近中点，结果是两家都会选择长路的1/2点处，这显然增加了住户的交通费用。

---

① 本案例参考了邝健图. 选址的解释 [N]. 经济学消息报, 2009-03-06.

张五常指出,两家开在长路中点的结论是有问题的,这姑且不谈,假如开三家超市的情形,按豪泰林模型的逻辑,三企业将开展博弈游戏,不停地转来转去搬迁位置。但是事实上并没有出现过永远不停地搬迁行为。

张五常由此断言豪泰林模型非现实性。例如,只要我们在电子地图上搜索"超市"关键词,就可以看到超市在不同城市的分布情况了。北京、上海、广州等中国各大城市,超市无一例外都是分散分布的,完全没有"卖方都往中间移动而最终走在一起"的情况。

造成豪泰林模型与现实不符的原因可能有两个:一是机会成本、沉没成本的影响。一家大型超市大企业开了,一般是不会搬迁的,只会加开分店或倒闭;二是大超市大企业的集聚力只能在一定范围内生效。把仅限于一条直线上的豪泰林模型放大到一个城市显然不正确。问题是,大型超市大企业的集聚力从何而来?为什么大超市的集聚力只会在一定范围内起作用呢?

众所周知,顾客之所以消费,是因为顾客能通过交易获益。这个利益就是驱使顾客走向超市的集聚力。但是顾客在获取交易利益时,是需要付出交易成本的。比如在大型超市购物时,主要付出交通费用及时间成本。假如获益与交易成本相等,大超市的集聚力就不存在了。

通常这个交易的获益是非常巨大的。以铅笔生产为例。假如不通过交易,任何人差不多花一辈子时间都不太可能制造出一支铅笔,而通过交易,只要不到一元钱就可以了,远低于人们1小时的劳动报酬。这里1小时和一辈子的对比就是交易带来的巨大利益所在。假如超市是垄断的,消费者只能通过跟这家超市交易才能获得特定商品,此时超市的集聚力范围几乎与其垄断区域相同。

假如存在其他的竞争者，比如说便利店、小型百货商店等小企业。这些小商店小企业是相对于大超市大企业而言，其竞争优势是方便，劣势是价格比超市高。假如到超市的成本比便利店与超市之间的差价还要高，那便利店的集聚力就会大于超市，人们自然就会选择便利店而不是去超市。因此，可以说小商店小企业的存在使大超市大企业对顾客的集聚力范围大大缩小了。

一般而言，企业的集聚力范围是一个模糊的数值，随着不同国家文化差异而不同。比如在美国，出行都有私家车，而便利店却不常见，超市的集聚力范围就大；在中国，出行通常都是公共交通或步行，且各种小商店遍地都是，超市的集聚力范围就小。即使是同一个人在买不同商品的时候，所计算的交通成本也有不同。例如买大型电器，到超市可节省上百元，相比起来交通费用可忽略不计；若是买铅笔，只便宜几分钱，交通费用就不能不考虑了。

有了基于交易收益与交易费用之上的集聚力范围的概念，影响大超市、大企业的选址因素便十分清楚了：一是选择集聚力范围内目标顾客人数较多的地区；二是选择和已有超市的集聚力范围不重叠，或者尽可能少的重叠区域。因此，我们能看到，在一个城市里，第一个大超市 A 一般都是开在人口最密集的地方。假如另一个大超市 B 在 A 紧邻的位置开业，商品价格也一样，那样对消费者来说引力也是一样的，只是原来属于一个超市的顾客被两个超市平分了，而本来吸引不过来的顾客，还是一样不会过来，这是一个"双输"的结局。相反，如果 B 选择 A 集聚力范围以外的地方开业，则不会对 A 构成直接竞争，该地区顾客都归 B 所有，而 A 也不会有太大损失。之后，新开的超市选址都将遵从这个原则。所以一般而言，大型超市的选址都是比较分散的。

但现实中也会有小商店小企业扎堆的情况。比如一些旅游景点的"玉器街"，那些卖玉器的小商铺小企业基本上是紧挨着的；又如一些大型装潢材料批发市场、小商品批发市场里的小商铺小企业几乎都集中在一块儿。这是否属于豪泰林模型存在的实例呢？事实上也不是。因为我们注意到，这类成行成市的市场都有相同的特点——品种繁多，质量没有统一标准。这种情况下，交易成本中选择商品的成本会占有很大一部分。

拿玉器来说，每块玉的成色不一样，做工也不一样，要挑选满意度高的，一般都不能只从一家商铺中选择。假如玉器铺是分散分布的，顾客往返于各商家的交通费用和时间会很多。假设每一千米有一家玉器铺小企业，顾客经过 5 家玉器铺的比较，最后发现还是对第一家的商品最满意，往返算起来就有 10 千米的路程，无论采用哪种交通方式，都是费时费力成本高昂的。假如顾客要比较超过 5 家商铺交易费用会更高。所以在"玉器街"中，多家商铺相隔只是几步之遥。这样人们在购买玉器时，选择一个商铺小企业密集的，比选择就近的相对来说交易成本会低很多。因此，多家玉器铺选在邻近的地点，对顾客产生的集聚力是叠加的。同样的道理，装潢材料也是品种繁多，质地差异较大，人们要买到满意的居家装饰材料，只会选择商铺密集方便对比的地方。

所以这些小企业小商家聚在一起，实际并不像豪泰林模型论述的那样会增加客户的交通成本；相反，这样做让顾客减少了在多间商铺之间选择的交通成本，会增加商铺的集聚力。

一个相辅相成的问题是，如果大型超市选址在一起，能否产生集聚力的叠加呢？答案是否定的。因为超市与超市之间所出售的产品大多是相同的，顾客基本上在一间超市就能买全想要的商品。选址在一起对顾客的交易成本起不到任何降低的作用，反而加大了同行业的竞争。

由此可见，企业商铺的选址会因出售商品性质的不同而不同。如果经营的是同质性高，顾客不需要比较就能决定是否购买的产品，这样的商铺一般规模较大。也就是说，大企业的选址常常是比较分散的。而品种繁多、质量没有统一标准的产品，这样的商铺一般规模较小，也就是说，小企业的选址常常是比较集中的。总之，商家的选址——是选择集聚还是分散，其目的都是增大商铺集聚力范围内顾客的数量。网聚顾客数量是决定企业规模定位"大且分散、小且集中"的重要原因。

本案例重在说明企业的选址是理性约束的结果。一般来说，消费者在哪里，市场就在哪里，市场在哪里，企业就会迁移到哪里，企业迁移到哪里，意味着哪里就有企业生存的独特发展环境。很显然，企业对众多复杂因素的选择都将围绕利润最大化的目标来展开。下文我们将通过形式化的数学模型一般化地分析企业发展环境中导致企业集聚和分散的原因。

3.2 产业的空间区位与中小企业

3.2.1 产业的规模报酬递增及其成因

在新古典经济学的分析框架中,是没有空间概念存在的,因此我们可以把产业的均衡分布,也就是空间经济学分析框架中的对称状态作为新古典产业分布状态来看待,由此我们来考察中小企业产业集聚的规模报酬递增的成因。

假定在某一个经济系统中存在许多工业品生产者,该经济系统的潜在的工业品种类用 N 来表示,每种工业品为差异化的产品,不同产品都不完全相同。由于工业品的生产者足够多,可以假定这种多样化的产品可以用一个连续的变量 i 表示,故 i 的取值范围为 [0,N]。假定每个企业都只生产一种产品,这意味着产品的种类和企业的数量是相等的,消费者对差异化的产品种类的偏好可以转化为生产企业数量的增加。下面的分析试图说明两个问题:一是消费者多样化偏好如何导致单个企业密集使用劳动要素的规模报酬递增;二是消费者多样化偏好促使企业数量增加如何会导致产业的集聚。

每个企业在其产品生产领域具有规模收益递增特征。下面我们将分析这种规模收益递增的源泉。企业在生产中只使用一种要素,即劳动力。根据迪克希特—斯蒂格利茨的框架,生产产品 i 的企业的生产函数可以表示为：

$$L(i) = F + a_m x(i) \qquad (3-1)$$

式中，L(i) 是企业使用的总劳动量，x(i) 是企业所生产的产品 i 的产出量，F 是企业以劳动量为度量单位的固定成本，a_m 则是企业以劳动量为度量单位的边际成本，假设每一个企业的 F、a_m 都相同，也就是说每个企业都具有相同的固定成本和边际成本。在这个生产函数中，随着产出的增加，分摊到每个产品上的平均固定成本下降，因此该生产函数具有规模收益递增的特征。当然，这种规模经济是指内部规模经济。

从需求方面来看，假设所有消费者都具有相同的偏好，消费者都有多样化需求，但也不会对某些特定的工业品具有特殊的偏好。也就是说，消费者对各种工业品的偏好程度是相同的。这样效用函数可以用不变替代弹性（CES）函数来表示。每个消费者的效用函数都相同，即：

$$U = \left(\int_0^N c(i)^{(\sigma-1)/\sigma} di \right)^{\sigma/(\sigma-1)}, \sigma > 1 \qquad (3-2)$$

式中，c(i) 是消费者对产品 i 的消费量，σ 是不同产品之间的消费替代弹性，反映了各种产品间的相互替代能力。可以看到，当 σ 趋近于无穷大时，效用函数就变成线性效用函数，这意味着产品间具有完全的可替代性，在这种产品具有完全可替代性的情况下，消费者也就无所谓多样性需求，此时多样性需求强度为 0；当 σ 变小时，产品间的可替代性减弱，消费者认为产品间的差异性在加大，消费者的多样性需求欲望变得强烈。因此，在式（3-2）的效用函数中，σ 反映了消费者对产品多样性的需求强度，σ 越大，多样性需求越弱；σ 越小，多样性需求就越旺盛。

假定每个消费者花费在产品上的总支出相同，用 I 表示，产品 i 的市场价格用 p（i）表示，则消费者面临得效用最大化问题可以表示为：

$$\begin{cases} \max_{C(i)} U = \max\left(\int_0^N c(i)^{(\sigma-1)/\sigma} di\right)^{\sigma/(\sigma-1)} \\ s.t. \int_0^N p(i)c(i)di = I \end{cases} \quad (3-3)$$

我们知道，根据最大化问题的一阶条件，消费者对每种产品 i 消费所带来的边际效用与其价格成正比时，消费者最大化其效用。那么，消费者实现效用最大化时对产品 i 的需求应为多少？因为根据市场出清条件，市场出清时的需求就等于供给，因而消费者的需求函数也就是企业所面对的市场需求函数。为此，我们建立拉格朗日方程，分别求 ∂L/∂c（i）和 ∂L/∂c（j）并分别等于零，则有：

$$\begin{cases} U^{1/\sigma}c(j)^{-1/\sigma} - \lambda p(j) = 0 \Rightarrow U^{1/\sigma}c(j)^{-1/\sigma} = \lambda p(j) \\ U^{1/\sigma}c(i)^{-1/\sigma} - \lambda p(i) = 0 \Rightarrow U^{1/\sigma}c(i)^{-1/\sigma} = \lambda p(i) \end{cases} \Rightarrow c(j) = \frac{c(i)}{p(i)^{-\sigma}} p(j)^{-\sigma} \quad (3-4)$$

把式（3-4）代入由式（3-2）给出的效用函数，则有：

$$U = \frac{c(i)}{p(i)^{-\sigma}}\left(\int_0^N p(j)^{1-\sigma}dj\right)^{\sigma/(\sigma-1)} \Rightarrow c(i) = UP_M^\sigma p(i)^{1-\sigma} \quad (3-5)$$

在上式中，P_M 为完全价格指数。由式（3-2）给出的效用函数，也可以理解为总需求，因此总需求量乘以完全价格指数就等于总收益，即 $P_M \times U = E$。这样，上式可以写成 $c(i) = Ep_i^{-\sigma}/P_M^{1-\sigma}$，而其中 $E/P_M^{1-\sigma}$ 为常量，故设 $k = E/P_M^{1-\sigma}$。当市场出清时，消费者的需求就是企业所面对的市场需求，即 $x(i) = c(i)$。这样，式（3-5）可以写成：

$$x(i) = kp(i)^{-\sigma} \quad (3-6)$$

式（3-6）就是该经济系统中，企业 i 所面临的需求曲线。

从生产企业供给方面来看，企业面临的利润最大化问题，即：

$$\begin{cases} \max\limits_{x(i)} \pi(i) = \max(p(i)x(i) - wL(i)) \\ s.t. \ x(i) = kp(i)^{-\sigma} \end{cases} \quad (3-7)$$

式中，w 为工业劳动力的工资水平。建立拉格朗日方程，分别求 $\partial L/\partial x(i)$ 和 $\partial L/\partial p(i)$ 并令它们分别等于零，则有：

$$\begin{cases} \partial L/\partial x(i) = p(i) - wa_m + \lambda = 0 \\ \partial L/\partial p(i) = x(i) + \lambda k\sigma p(i)^{-\sigma-1} = 0 \end{cases} \Rightarrow p(i) - wa_m = \frac{1}{\sigma}p(i)$$

因此，$(1-1/\sigma)p(i) = wa_m \Rightarrow p(i) = wa_m/(1-1/\sigma)$，式中，w 是工业劳动力的工资水平，在均衡时任何企业的工资率都相同；a_m 为单位产品生产所需的劳动量，任何企业都相同。因此，均衡时每一种产品的价格都相同，即 p 与 i 无关，把 i 去掉，即：

$$p = \frac{wa_m \sigma}{1-\sigma} \quad (3-8)$$

又由于均衡时不存在企业的进入和退出，因此均衡时企业只能得到零利润，则有：

$$\pi(i) = p(i)x(i) - w[F + a_m x(i)] = 0 \Rightarrow \frac{wa_m \sigma}{\sigma-1}x(i) = wF + wa_m x(i)$$

$$\Rightarrow [1/(\sigma-1)]a_m x_i = F \Rightarrow x(i) = (\sigma-1)F/a_m$$

类似于均衡时的价格，均衡时每个企业的产出量相等，即 x 与 i 无关，把 i 去掉，即：

$$x = \frac{(\sigma-1)F}{a_m} \tag{3-9}$$

式（3-8）和式（3-9）给出了均衡时的每种产品的价格与产出。

下面我们求出均衡时每个企业的平均产出与边际产出。根据式（3-1），当企业的产出量为 $x = (\sigma-1)F/a_m$ 时，总劳动量需求为 $L = F + (\sigma-1)F = \sigma F$。故平均产出为：

$$x/L = \frac{\sigma-1}{a_m\sigma} \tag{3-10}$$

同时，对式（3-1）进行微分，则边际劳动产出为：

$$dx/dL = \frac{1}{a_m} \tag{3-11}$$

从式（3-11）减去式（3-10），则可以得到：

$$dx/dL - x/L = \frac{1}{a_m\sigma} \tag{3-12}$$

在式（3-12）中，σ 和 a_m 都为正数，故 $dx/dL - x/L > 0$，也就是说均衡时，单个企业的边际产出大于平均产出，这说明企业的生产显示出规模报酬递增的特征，并且规模报酬递增程度与消费者对不同工业品的需求的替代弹性 σ 有关。σ 越小，工业品间的替代能力越弱，消费者的多样性需求欲望越强烈，此时企业规模报酬递增程度就越大。由于 σ 还是消费者对每一种工业品的需求的价格弹性，σ 越小，消费者对各种工业品的需求曲线越陡直，需求对价格的变化越不敏感。于是，边际劳动产出比平均劳动产出越大，企业的规模收益递增程度也越大。在式（3-12）中的 a_m 是常数，它是由式（3-1）给出的。因此，消费者对产品多样性的需求决定了企业规模报酬递增的程度。

一般来说,一地区企业的规模报酬递增效应有两个方面的表现。其一,与产业呈对称分布的新古典分析框架下"消费者不生产,生产者不消费"的假定完全不同的是,空间经济分析下的消费者与生产者的身份是相互转化的。因此,当单个企业因规模报酬递增,从而使密集使用的劳动要素增加,一方面同时也是消费者数量增加,因而加大了产品多样化的需求;另一方面,规模报酬递增效应使得工人的收入水平增加了,这也增加了产品的需求量,因此,消费者对产品多样化的需求实际上会产生劳动要素在既定区域的自我强化趋势。也就是说,消费者对产品多样化的偏好与既定数量的中小企业对劳动的需求是一种循环累积因果关系。

其二,根据一个企业只生产一种与其他企业不完全替代的有差异化的消费品的假定,于是,消费者对产品多样化的需求,实际上可以导致企业家数量的同等幅度的增加,这是一种典型的产业集聚现象,形成这种产业集聚的成因有两方面:一方面是促进本土的产业集聚效应,也就是为了满足消费者产品多样化需求,不断有新的企业家诞生,这是本土企业家内生增长的机制之一;另一方面是促使其他区域的企业家向本地转移。由于产品跨区域流动会存在交易费用(主要是运输成本)。很显然,迁移到本地的企业从事生产活动比停留在原区域而向本区域供给商品将节省更多的交易成本,于是其他区域的企业将不断地向本地迁移,这是形成本地产业集聚最典型的表现,随着更多的企业家迁移到本地,本地的消费规模也在不断壮大,于是本地对于企业家要素也会因消费者偏好多样化而产生一种自我强化的趋势,这就是说,消费者对产品多样化的偏好与本地中小企业数量的增加也将体现为一种循环累积因果关系。

所以,当某地区产业呈对称分布的状态一旦被打破,消费者的偏好对中小企业的产业集聚将形成至关重要的引导作用。

类似地,我们还可以推出,如果最终产品的生产使用多种中间投入品,当中间投入品的生产扩大一个单位的要素投入时,最终产品的生产将以大于 1 的比例增长。也就是说,最终产品的生产也会随着企业对中间投入品的多样化偏好而显出规模报酬递增的特征,本书对这一结论的证明从略①。

3.2.2 集聚效应与拥挤效应

我们假定初始状态是新古典框架下中小企业产业呈对称分布的结构,现在来讨论消费者效用函数呈柯布—道格拉斯型,工业品的消费量呈不变替代弹性结构,农产品消费呈线性结构时,在消费者效用最大化的理性追求下,工人在区域 1、区域 2 之间流动的方程式,进而推出产业集聚与分散的动力机制的来源。

显然,作为理性人,工人在区域间流动主要取决于工资水平的差异,实现均衡时,必须满足均衡条件:

$$\omega = \omega^*,\ \text{当}\ 0 < s_H < 1\ \text{时}$$
$$s_H = 0,\ \text{或}\ s_H = 1 \tag{3-13}$$

这里,ω,ω^* 分别表示区域 1 和区域 2 的工人名义工资水平,s_H 表示区域 1 的工人的份额。$\omega \equiv w/P$,$\omega^* \equiv w^*/P^*$,$P \equiv \Delta^{-a}$,$P^* \equiv (\Delta^*)^{-a}$,$a \equiv \mu/(\sigma-1)$,$\Delta = s_n w^{1-\sigma} + \varphi(1-s_n)(w^*)^{1-\sigma}$,$\Delta^* =$

---

① 该结论的证明,中文文献可参见安虎森. 新经济地理学原理 [M]. 经济科学出版社,2009.

$\varphi s_n w^{1-\sigma} + (1-s_n)(w^*)^{1-\sigma}$。

不难知道，在新古典经济中，中小企业产业呈对称分布时有：

$$\left.\frac{d(\omega - \omega^*)}{ds_n}\right|_{Sym} = 0 \qquad (3-14)$$

于是，在对称点，$d\omega = -d\omega^*$，由式（3-14），则 $\left.\dfrac{d\omega}{ds_n}\right|_{Sym} = 0$。

在对称点，$s_n = s_E = 1/2$，$w = w^*$，所以 $\Delta = \Delta^* = w^{1-\sigma}(1+\varphi)/2$，$B = B^* = w^{\sigma-1}$，$w = w^* = 1$。

再根据式（3-13），$\omega = w/P = w\Delta^a \Rightarrow d\omega = \dfrac{dw}{P} - \dfrac{wdP}{P^2}$，所以在对称均衡点有：

$$\left.\frac{d\omega}{\omega}\right|_{Sym} = \left.\frac{dw}{w}\right|_{Sym} - \frac{dP}{P} = dw - \frac{dP}{P}。$$

根据标准化条件①，$w^\sigma = B \Rightarrow \sigma w^{\sigma-1}|_{Sym} dw = dB \Rightarrow dw = \dfrac{dB}{\sigma}$。

---

① 选择合适的计量标准和单位，可以使讨论简化。在农业部门，我们设定单位农产品产出所需的农业劳动力投入为一个单位，即 $a_A = 1$，则根据 $p_A = w_L a_A$，$p_A^* = w_L^* a_A$，可以得出 $p_A = p_A^* = w_L = w_L^* = 1$。在工业部门，我们设定 a_m 的单位为 $1 - 1/\sigma$，也就是 $a_M = 1 - 1/\sigma$，则均衡时的工业产品价格为 $p = w$、$p^* = \tau w$，均衡时的企业规模为 $\bar{x} = F\sigma$。F 为企业生产每一单位产品时所需要的相当于 F 数量的劳动力的固定投入水平。在产品生产为连续可分变量的假设下，可以设 $F = 1/\sigma$，于是得出 $\bar{x} = 1$，且根据均衡时区域1和区域2企业的数量 $n = \dfrac{H}{\sigma F}$，$n^* = \dfrac{H^*}{\sigma F}$，可以得出 $n = H$ 和 $n^* = H^*$。也就是说，工业劳动力供给等于产品种类数量。同理，我们也可以简化农业劳动力 L 和工业劳动力 H。接下来我们可以设全部工业劳动力禀赋为1，也就是 $H^W = 1$。可以推出 $n + n^* = n^W = 1$。等式 $n + n^* = 1$ 是非常有用的，例如我们可以用 s_n（区域1所占的企业数量份额）来表示区域1工业劳动力在全部工业劳动力 H^W 中所占份额 s_H，或可以直接用 n 来表示。在对称的情况下（也就是 $s_n = n = H = 1/2$ 时），如果设定 $w = w^* = 1$，总农业劳动力禀赋 L^W 等于 $(1-\mu)$。当工业活动完全集中在某一个区域时（也就是 $n = H = 1$ 或 0），该区域所有部门的工业劳动力的工资都等于1，例如工业全部集中在区域1时，$w = 1$ 而 $w^* < 1$。总的来说，在标准化条件下有：$p = w$，$p^* = w\tau$，$p_A = p_A^* = w_L = w_L^* = 1$，$\bar{x} = 1$，$n + n^* = H + H^* \equiv H^W = 1$，$n = H = s_H = s_n$，$n^* = H^*$，$L^W = (1-\mu)/\mu$，$E^W = 1/\mu$，$w = w^* = 1$（当对称时）。

再根据 $B = \dfrac{s_E}{\Delta} + \varphi\dfrac{1-s_E}{\Delta^*}$，$s_E = \dfrac{1-\mu}{2} + \mu w s_n$，$\Delta = s_n w^{1-\sigma} + \varphi(1-s_n)(w^*)^{1-\sigma}$，

$\Delta^* = \varphi s_n w^{1-\sigma} + (1-s_n)(w^*)^{1-\sigma}$，则有：

$$dB = \dfrac{\Delta ds_E - \dfrac{1}{2}d\Delta}{\Delta^2} + \varphi\dfrac{-\Delta ds_E - \dfrac{1}{2}d\Delta^*}{\Delta^2} = \dfrac{2(1-\varphi)ds_E}{1+\varphi} - \dfrac{2}{(1+\varphi)^2}(d\Delta + \varphi d\Delta^*)$$

$$= \dfrac{2(1-\varphi)ds_E}{1+\varphi} - \dfrac{2}{(1+\varphi)^2}\left\{(1-\varphi)\left[ds_n + \dfrac{1-\sigma}{2}dw\right] + \varphi(\varphi-1)\left[ds_n + \dfrac{1-\sigma}{2}dw\right]\right\}$$

$$= \dfrac{2(1-\varphi)ds_E}{1+\varphi} - \dfrac{2(1-\varphi)^2}{(1+\varphi)^2}\left[ds_n + \dfrac{1-\sigma}{2}dw\right]$$

又 $dB = \sigma dw$，把它代入上式，可得：

$$\dfrac{2(1-\varphi)ds_E}{1+\varphi} - \dfrac{2(1-\varphi)^2}{(1+\varphi)^2}\left[ds_n + \dfrac{1-\sigma}{2}dw\right] = \sigma dw$$

$$\Rightarrow dw = \dfrac{(1+\varphi)^2}{4\sigma\varphi + (1-\varphi)^2}\left[\dfrac{2(1-\varphi)}{1+\varphi}ds_E - \dfrac{2(1-\varphi)^2}{(1+\varphi)^2}ds_n\right]$$

代入 $\left.\dfrac{d\omega}{\omega}\right|_{Sym} = dw - \dfrac{dP}{P}$，则有：

$$\left.\dfrac{d\omega}{\omega}\right|_{Sym} = \dfrac{(1+\varphi)^2}{4\sigma\varphi + (1-\varphi)^2}\left[\dfrac{2(1-\varphi)}{1+\varphi}ds_E - \dfrac{2(1-\varphi)^2}{(1+\varphi)^2}ds_n\right] - \dfrac{dP}{P} \quad (3-15)$$

从式（3-15）可以看到，在产业呈新古典经济的对称均衡分布的状态下，如果存在某种冲击使得区域1的生产份额提高，即 $ds_n > 0$，那么区域1实际工资的变化将受到三种力量的作用。式（3-15）中的第一项就是本地市场放大效应，该项倾向于提高区域1的工人的实际工资；第二项为负，反映了区域1的市场拥挤效应；第三项为正，区域1生产份额的提高，降低区域1的价格指数，$-dP/P > 0$，该项就是

价格指数效应。正是这三种力量的相互作用决定了对称均衡点是否稳定。Krugman（1991）等已经证明，新古典产业呈对称均衡状态只有在极其特殊的条件（比如在贸易自由度足够低、交易费用足够高、自然经济或交通不发达时）下才能成立，而核心—边缘空间集聚的经济结构才是产业分布的常态。

3.3　企业家可流动下的两区域发展环境比较分析
——基于自由企业家模型的理论视角

3.3.1　对中小企业发展环境形成机制的解释

空间经济学中的自由企业家模型刻画了中小企业集聚的内在机制，从需求关联的循环累积因果关系来看，完全竞争结构的中小企业组织当它形成一定的空间垄断势力时，规模报酬递增的集聚效应会使单个中小企业获得额外的溢出效应，这样会形成一个有利于中小企业发展的外部环境。从成本关联的循环累积因果关系来看，若干中小企业集聚在一块儿，形成精细化的分工协作，将有助于发挥企业的互补性和比较优势，降低交易成本和生活成本指数，从而对中小企业的发展空间构成相当的集聚力。

我们看到这里有两类不同性质的循环累积因果关系，即基于需求关联和基于成本关联的循环累积因果关系。一般来说，基于需求关联的循环累积因果关系的形成机制是，由于人力资本和人力资本所有者是不可分离的，于是生产要素人力资本的流动将引起消费支出的转移，消费支出的转移又引起区际市场规模的变化而这种市场规模的变化在本地市场放大效应的作用下，又进一步引起新的人力资本或中小企业生产要素的流动。

基于成本关联的循环累积因果关系的形成机制是，人力资本生产要素的流动将促进流入地的生产能力的提高，导致从外地流入本地的产品种类减少，于是消费者支付的运输成本较少，因而生活成本较低对人力资本所有者具有较强的集聚力，因此要素流动（生产的转移）将改变区域的相对生活成本指数，要素流入区域的相对生活成本指数较低，于是在相同的名义工资水平下，实际收入水平的提高，将进一步吸引中小企业的企业家要素的流动。一般而言，需求关联的循环累积因果关系体现得是中小企业受外在经济的环境因素影响为主，成本关联的循环累积因果关系体现得是中小企业受内在经济，也就是规模经济的内部环境因素的影响为主。

3.3.2 假设条件

对空间经济学中的自由企业家（FE）模型作出杰出贡献的是奥塔维诺（Ottaviano，2001）和福斯里德（Forslid，1999；2003），他们的分析工作建立在克鲁格曼（Krugman）等的核心—边缘（CP）模型和马丁（Martin，1995）的自由资本模型的基础上。考虑初始禀赋区域1和区域2为对称的两个区域，每个区域只有农业和制造业两种产业，有工人和企业家两种生产要素，因此称FE模型具有$2\times2\times2$的初始结构。

同CP模型的假定条件一样，区域1、区域2的农业满足完全竞争的瓦尔拉斯一般均衡，农业生产是规模报酬不变的，且只使用农业劳动力作为唯一的生产要素，农民不能跨区域流动，且两区域农民具有相等的名义工资率，农产品交易不存在交易成本，农产品价格在两地区都一样，故均衡时农产品市场完全出清。两个区域的工业品市场都是规模报酬递增和垄断竞争的，使用人力资本和劳动力来生产多样化的工业产品，其中劳动力在区域间不流动，而人力资本可以跨区域流动，流动与否取决于区域1、区域2的人力资本报酬，即经营利润和人力资本份额。每个企业只生产一种多样化的产品，而每种产品间又存在一定的替代性，并设所有产品间的替代弹性为常数 σ。

与CP模型不同的是，制造业部门的生产技术的可变投入和不变投入会涉及不同的生产要素，固定投入不是来自工人的劳动，而是涉及人力资本、技术研发或企业高层管理服务，而可变投入只与低技术劳动相联系。

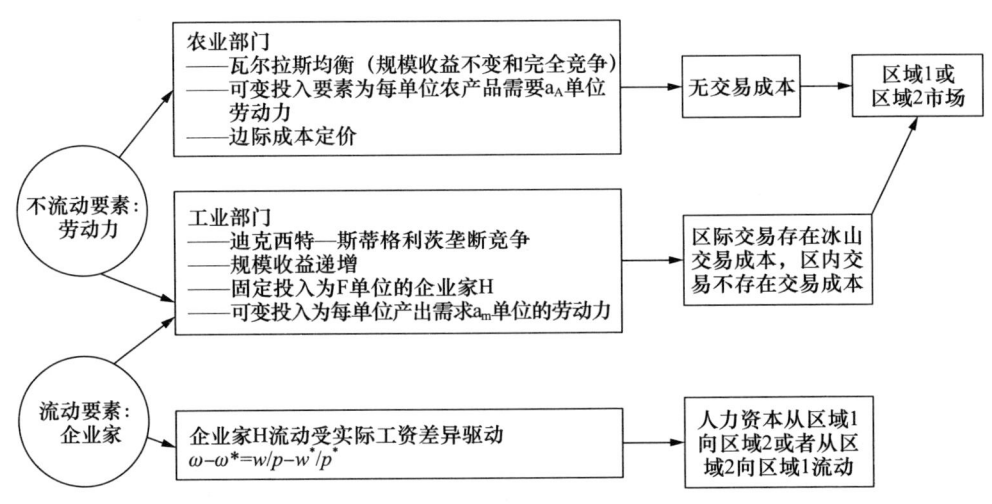

图3-1 FE模型的基本假设

资料来源：Richard Baldwin et al., Economic Geography and Public Policy, Princeton, Princeton University Press, 2003.

于是,在制造业产品跨区域交易时,需支付交易成本 τ(τ>1),交易成本由运输成本和其他制度成本构成,表示 τ 单位的商品从一个区域运输到另一个区域时,就像冰融化一样而减少为一单位了。根据市场出清假设,均衡时企业实现了利润最大化,据此可以得出产品的价格。由于假设企业数量很多且是对称的,因此,所有产品的价格都相等。由于市场的竞争性,企业可以自由进出,最终导致利润为零,此时,企业的产出被工人和企业家两种要素完全分享,工人收入在总产品中的比例为 $\dfrac{1}{1-1/\sigma}$,企业家收入在总产出中的比例为 $\dfrac{1}{\sigma}$。

消费者总效用函数采用了柯布—道格拉斯形式:$U = C_A^{1-u} C_M^u$。其中,C_A 为农产品的消费量,C_M 为工业品的消费量,在总支出同时也是总收入一定的条件下,根据效用最大化条件可得出消费者在农产品上的支出份额为 $1-u$,在工业品上的支出份额为 u。设工业产品种类为 n,在消费者多样化偏好和产品最优消费量约束下,可设子效用函数为不变替代弹性生产函数为:

$$C_M = \left(\int_{i=0}^{n} c_i^{\frac{\sigma-1}{\sigma}} di \right)^{\frac{\sigma}{\sigma-1}}$$

利用工业产品的子效用函数和一定支出水平条件,可以得到每种产品的需求函数或反需求函数,从中可以看到某种工业产品需求的影响因素,即与商品本身的价格水平、其他工业产品的价格水平和总支出份额 uE 有关。需要指出的是,这种需求函数与新古典经济学中的需求影响因素是完全一致的。当一种产品的价格越高,该产品的需求量就越小,同时由于产品间存在一定程度的替代关系,故而相关产品价格越高,则该种产品的需求量也越高,类似地,工业品支出份额越大,商品的需求量也越大。

根据利润最大化条件，也可以推出反需求函数，从反需求函数进一步可以推出生产企业的最优定价条件。即企业不是按照边际成本定价，而是沿袭垄断竞争条件下的一贯思路，按照边际成本加成定价法则来定价。此时，每个企业所面临的需求曲线不是水平的，而是向右下方倾斜的。企业的边际收益曲线位于需求同时也是平均收益曲线的下方。

由于企业产品的边际成本是固定的，并且工人收入在产出中的比例 $\dfrac{1}{1-1/\sigma}$ 也是定值，那么，用工人工资表示的最优定价也是一个定值。同时，价格与边际成本的差值即价格"加成"部分就是企业家的收入。由此可见，企业家收入与产品产量成正比。

同完全竞争市场结构相类似，垄断竞争市场的竞争性决定了生产每种产品的企业是可以自由进出该行业的，市场出清的结果是生产每种产品的企业都是零利润，该条件同企业的最优定价可求出每个企业的均衡规模，即均衡产量，此时两种核心生产要素的报酬恰好完全等于企业的产出水平。

3.3.3 均衡的实现过程

企业在理性约束下，最优价格和均衡产量的形成过程即为短期均衡过程。在 FE 模型中，区域1和区域2两个市场所充斥的商品种类是相同的，由于来自不同区域的商品所包含的交易成本不同，商品跨区域交易存在冰山交易成本，在贸易自由度为 φ（$\varphi = \tau^{1-\sigma}$）下，对称的两个区域1、区域2如果受到某种偶然因素的冲击，例如，当气候、自然环境或政策制定等发生突发性改变时,这时就会导致两个区域中的企业产品销售量发生差异,于是,相应企业中作为固定成本的企业家的收入水平就不再相等,这会导致企业家对生产区位做出重新选择,处于低收入区域的企业家必然会流入高收入区域。由于FE模型中,每个企业家代表了一个企业,企业家的流动实际就是企业的流动,当两个区域的企业家获得的报酬无差异时,企业家就停止流动,地区的产业份额就不再改变,通过这种短期均衡最终会达到长期稳定的均衡状态。

具体地说,形成FE模型中区域1、区域2产业布局变化的原因,在于两股力量,即集聚力和分散力相互作用的结果,这一点同核心—边缘模型是类似的。所谓集聚是指所有企业都集中到区域1或区域2中,所谓分散是指产业的均衡分布,亦即回到初始的对称结构状态。

集聚力包括"本地市场放大效应"和"生活成本效应"两种。分散力是指"市场拥挤效应"或"本地竞争效应",中小企业的产业区位选择是集聚力和分散力共同作用的结果。一般而言,"本地市场放大效应"是由需求关联的循环累积因果关系产生的,它表示得是区域总支出的增加量导致的企业数量或企业家数量的不断增加和总支出水平的不断增加,本地市场放大效应促使企业选择产业集聚地,而不是非产业集聚地作为选址考量。"生活成本效应"则是由成本关联的循环累积因果关系产生的,它表示得是企业聚集的区域因为产品生产本地化从而节约了运输成本,使本地居民生活成本降低的效应。本地"市场拥挤效应"是指不完全竞争企业趋向于选择竞争程度小、垄断程度大的区域作为生产区位。市场放大效应和生活成本效应,改变了企业发展的内外部环境,形成了与 CP 模型中人口流动同样的企业家流动机制。

我们知道,企业家是由具有风险担当意识和组织创新能力的人群组成的,由于人力资本和人力资本所有者不可分离,故而企业所在地必然是企业家的消费所在地,因此企业家的流动与区域1、区域2的实际收益率之差有关,实际收益率水平由名义收益水平和各区域的价格指数的比值构成,假如某个区域的价格水平低,名义收入水平高,那么该地对企业家的集聚力就越大;反之则相反。

当企业家流入某区域时,会导致更多的产品在本地生产,这些多样化的产品会因为交易费用节约而成本更低,在既定的价格水平下,企业将获得更高的利润率,价格指数更低,这将导致更多的企业家流入到本地,于是就形成了基于成本关联的循环累积因果关系,即所谓的"前向联系"。另外,当企业家流入到本地时,其消费支出将发生在本地,这显然扩大了该区域的总支出水平,随着总支出水平的增加,经乘数效应放大,会促使本地企业收入水平增加,于是企业家的报酬就会提高,当企业家收入水平提高时,本地区又会吸引新的企业家流入,如此循环和自我强化过程被称为基于需求关联的循环累积因果关系,也叫"后向联系"。两种效应开始于初始对称区域的偶发性支出的不同,其终极趋势是形成核心—边缘结构的产业分布格局。

随着企业家向某个区域的不断集中,制造业企业产品间的一定程度的替代性会使商品价格上升的空间变得极其有限,此时价格指数效应对企业家的影响是双重的,如果商品价格下降缘于交易费用的节约,那么企业收益因价格下降而导致的减少量小于销售量增加而使企业获得收益的增加量时,此种价格效应将使企业家和消费者获得"双赢",于是这种效应是持续的、自我强化的。反之,如果企业商品价格的下降不是缘于交易费用的降低,而是由企业之间激烈的市场竞争使然,那么商品价格下降所带来的指数效应只能使消费者获益,却不能使单个企业家收入增加,那么这种竞争效应最终将促使企业出现反向流动,此时原产业集聚地的集聚是不可持续的,或者说是自我弱化的。

通常,集聚力和分散力同受贸易自由度的影响,并且构成贸易自由度的函数,但贸易自由度对二者的影响并不是协同一致的,当 φ 由小到大变化,即两地区经济开放度逐渐增大时,集聚力和分散力将同时逐渐减小,并且分散力减小的速度明显要大于集聚力减小的速度,于是集聚力大于分散力,则产业向区域 1 或区域 2 转移集聚。

随着贸易自由度 φ 值的改变,将出现两种结果:一种是初始状态由分散力大于集聚力而出现的对称结构被打破,此时贸易自由度被称为"突破点"(用 φ^B 表示);另一种是开始出现稳定的核心—边缘区域结构,此时的贸易自由度临界值被称为"维持点"(用 φ^S 表示)。可以证明,随着贸易自由度由小到大的改变,FE 模型中,是先出现"维持点"后出现"突破点"的,即在数值上,维持点小于突破点($\varphi^S < \varphi^B$)。

企业家流动的长期均衡过程可以借助图 3-2 来刻画。

图中纵轴上经过 1 且平行于横轴连同横轴上的两条黑实线分别表示企业家或企业全部聚集在区域 1 或区域 2 的核心—边缘结构,经过纵轴 1/2 点且平行于横轴的黑实线段表示企业家或企业均匀分布于两区域的对称分布结构。在维持点 φ^S 和突破点 φ^B 之间,长期稳定的对称区域结构和核心—边缘区域结构同时存在。此外,开口向左开始于维持点终止于突破点的虚弧线是随 φ 变化而变化的内部非对称均衡,因此维持点和突破点之间的对称结构或核心—边缘结构都是非长期稳定的均衡状态。

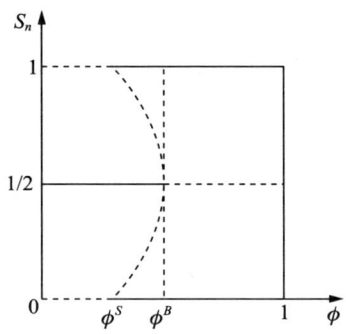

图 3-2 "战斧"形状的企业家或企业长期均衡区位

3.3.4 主要特征

FE 模型是在 D—S 模型的垄断竞争框架之内构建的,本质上仍是 C—P 模型的延续,消费者对产品的多样化需求是在企业层面上规模收益递增的根源。具体地说,成本关联的循环累积因果关系是企业集聚产生内在经济的根源,需求关联的循环累积因果关系是企业产生外在经济的根源。这两种关系互为因果,共同构成经济活动空间集聚的聚集力,这是 FE 模型最重要的特征之一。

区域 1、区域 2 贸易自由度水平的改变所导致聚集力与分散力的失衡而产生产业分布的非对称性,表明这是一种内生的非对称性。影响贸易自由度水平包括交易成本和商品间替代弹性,而交易成本既包括运输成本又包括各种制度成本。交易成本是以空间的存在为前提的，经济活动的空间分布是受交易成本影响的，从而交易成本变动引起的非对称必定是内生的非对称性。同时，内生的非对称现象的发生又是突发性的，即贸易自由度达到某一临界值（突破点 φ^B），自由度略微增加，就由对称状态突发性地变为聚集，而并没有中间过渡过程，这种"门槛效应"也是 FE 模型显著区别于其他模型的特征之一。

FE 模型还具有区位黏性的特征，即所谓的"路径依赖"。由于叠加区（φ^S 和 φ^B 区间）对称和核心—边缘两种均衡的存在，历史事件、人们的预期或某种区域政策都可以作为一种冲击使经济由对称结构转变为稳定的核心—边缘结构，但在这种冲击消失之后，经济系统会继续保持核心—边缘结构，而不会恢复到冲击前的稳定状态，体现得就是一种黏性。

当 FE 模型中出现稳定的核心—边缘区域结构时，核心区域和边缘区域的企业家收益率或者工资的差异被称为"聚集租金"，实际上，中小企业发展环境的改善与否与聚集租金的存在有很大关系。换句话说，中小企业的企业家对区位的选择是以"聚集租金"为主要目的的。"聚集租金"这一重要特征表明，边缘区域为了改变本地区企业发展环境而对本地区企业家实行补贴时，应该至少给予企业家等同于"聚集租金"额度的补贴。同时，这也说明当贸易自由度足够大且超过突破点水平。或者说，当经济系统处于稳定的核心—边缘结构时，地方政府经济政策的细微变动并不会带来本地区企业发展环境的根本性改善。

3.3.5 福利水平的变化

由于制造业最终产品和中间产品在厂商达到均衡状态时，在诸要素机会成本的意义上利润为0，因此就不存在因资源误配而导致的社会福利净损失，于是，整个社会福利的衡量可以借助消费者效用函数的加总来实现。

另外，与新古典经济学不同的是，空间经济学认为消费者在参与生产活动的同时，不存在储蓄，消费者购买商品的数量取决于其实际工资收入。因此，消费者的效用可以用与实际工资收入成正比关系的变量来衡量。也就是说，消费者实际工资收入越高，其效用水平就越高。这是核心—边缘模型中的结论，在自由企业家模型中也有类似的关系，即企业家效用水平正比例于企业家所获得的报酬。考虑区域1、区域2的企业家实际报酬水平，可以得到两个区域的企业家报酬之比与贸易自由度有关，同时也与两个区域的消费者偏好结构和资源禀赋结构有关。如果把两区域消费者偏好结构与资源禀赋结构的差异称作两区域偏离系数，记偏离系数 k：

$$k = \frac{u/(1-u)}{\theta/(1-\theta)}$$

式中，θ 是某区域中间产品生产部门的企业家数占企业家总数的比例，ω_1 和 ω_2 是企业家或人力资本在区域1和区域2获得的实际报酬。可以证明：$\dfrac{\omega_1^{\frac{1}{1}}}{\omega_2^{\frac{1}{1}}} = k\tau^{\mu}$ [1]。

也就是说，随着偏离系数的提高，工业品运输成本越高，则企业家相对效用水平就提高，因此，在对企业家投入要素不设限制时，规模报酬递增的程度与社会福利水平呈正相关关系，即企业家向区域1

---

[1] 参见何浪雄，李国平. 产业集群演进机理与区域发展研究[M]. 北京：中国经济出版社，2009，p. 123.

流动所形成的产业集聚提高了社会福利水平。产业集聚优化了产业集聚区的中小企业发展环境。

3.4 创新资本可流动下的两区域发展环境比较分析
——基于局部溢出模型的理论视角

在激烈的商业竞争活动中，常常会分离出一个专门从事知识创新的部门，使知识创新成为企业能够拥有的最为独特的生产资本。然而，知识资本有其特殊的传播途径和传播方式，有文字声像符号可以表达的，称为明确知识①（Explicit Knowledge），有需要近距离接触感知的，称为默会知识（Tacit Knowledge）等。明确知识和默会知识的特点表明，创新知识资本流动除了与空间距离有关，也与未来的贴现率即时间因素有关，其流动机制与自由企业家或自由资本模型中的流动要素遵循不同的逻辑。

空间经济学中常用局部溢出模型（Local Spillover Model，LS）来分析知识资本的流动或扩散机制，该模型由鲍德温、马丁和奥塔维诺

---

① 英国哲学家波兰尼（Michael Polanyi）在其代表著作《个体知识》中，最先提出默会知识的概念，认为"人类的知识有两种"，即明确知识（explicit knowledge）和默会知识（tacit knowledge）。明确知识是"通常被描述为知识的，即以书面文字、图表和数学公式加以表述的知识"，也称为显性知识、言传知识；默会知识是"未被表述的知识，像我们在做某事的行动中所拥有的知识"，又被称为"隐性知识""意会知识"。它存在于人的头脑，隐含于过程和行动中。中国传统文化强调"只可意会，不可言传""默而识之""顿悟"等，都表明了默会知识的存在。波兰尼认为，默会知识的习得需要通过近距离的感受、直觉、体验或者模仿才能得到传播或交流，因此，它强调直接的现场性和感受的模糊性特点。"所有的知识不是默会知识就是植根于默会知识。一种完全明确的知识是不可思议的。"

于 2001 年提出，认为创新知识资本存量产生的溢出效应对企业家新资本形成成本的影响，在不同的空间是有差别的。于是，该模型把溢出效应与空间结合起来，分析了溢出效应对企业的经济活动空间分布的影响，以及对内生经济增长的影响，即通过知识资本的溢出改变了中小企业的发展环境。

传统的新古典经济学认为，知识资本的空间分布对经济增长或企业的生产行为没有影响，即知识资本呈"空间中性"的特点，资本的溢出效应不存在空间的衰减，现存的知识资本对新资本形成成本的影响是一致的，知识资本的距离感并不影响（其他）企业的发展。显然，这种假设忽略了在知识传播过程中空间距离的重要作用，以及面对面交流的意义。局部溢出模型考虑了空间距离对知识传播的影响，认为空间距离对知识溢出会起到阻碍作用，距离越近，知识溢出越大。这样知识溢出在某种意义上具有本地化的特征。正是由于溢出的本地化特征，表明本地资本的积累更加有利于本地资本的创造，使得该模型额外地具有了一种"聚集力"，从而为研究中小企业发展环境提供了新的分析视角。

3.4.1 假设条件

经济系统由两个区域（区域 1 和区域 2）、三个部门（农业部门 A 和工业部门 M 和作为知识资本的研发部门 I）、两种要素（资本和劳动）组成。

农业部门以瓦尔拉斯一般均衡（规模报酬不变和完全竞争）为特征，只使用劳动力生产同质产品，单位劳动生产单位农产品，并以单位农产品作为计价单位,农产品的区际交易和区内交易是无成本的。

工业部门以迪克希特—斯蒂格利茨的垄断竞争、规模收益递增为特征;工业部门只以资本为固定成本,生产每一种差异化的工业产品只使用一单位资本;劳动作为其可变成本,每单位产出利用 a_M 单位的劳动;工业品的区际交易存在冰山交易成本,即每运输 τ 单位产品,只有一单位产品到达目的地,工业品的区内交易无成本。

每个区域的劳动力禀赋为世界的一半,并且区域间不能流动,两个区域的劳动力禀赋是长期不变的。

创新知识资本通常是由研发部门[①]来创造的,研发部门的知识资本产出分为两种:一种是私人知识,它可以获得专利并卖给制造业企业来生产产品;另一种是公共知识,它无法获得专利,可以广泛传播并迅速被其他企业所吸收,因此其他企业可以通过较小的努力获得创新知识,并形成创新知识资本的积累。

局部溢出模型区分了企业知识资本的本地溢出和外地溢出,认为所有本地区资本存量的溢出效应全部影响本地区,而区外资本存量对本地区的溢出效应是随着距离的增大而减小,因而只有部分的溢出效应影响本地区,这样的假设将本地知识资本存量和外地知识资本存量分割开来,因此,资本生产成本受到经济系统资本存量空间分布的影响,最终结果是,均衡时的经济增长率同中小企业的生产区位有关。

当达到长期均衡时,资本增长率 g 为常数。由于新资本的研发和创造需要消耗劳动,一单位资本需要 a_I 单位的劳动力,以区域 1 为

---

① 为了分析方便,有的企业家一身二任兼具知识创新和经营管理创新的功能,此时,可将其角色分开,等同于从事制造业部门和研发部门两种形式的生产活动。

例，则局部溢出模型的资本生产成本假设如下：

$$F = w_L a_I, \quad a_I = 1/(K^w A), \quad A = s_K + \lambda(1 - s_K) \tag{3-16}$$

区域 2 的表达式也相同，只不过相应的参数上要打上 * 号。由于总资本存量稳定增长，资本生产成本逐渐下降。两个区域的资本生产部门以完全竞争和规模收益不变为特征。资本还存在折旧，每个时期资本品的 δ 部分被折旧。

一般区际间的知识溢出仅限于公共知识，λ 反映公共知识在空间溢出的难易程度，λ 越大，传播就越容易，外区的知识溢出到本区时衰减的就越少，A 也就越大，新资本生产成本就越小；反之则相反。此处的 λ 某种程度上类似于度量不同产业空间的贸易自由度 φ，$\varphi \in [0, 1]$，有 $\lambda \in [0, 1]$，用于衡量知识在空间溢出的自由度；$\lambda = 1$ 表示公共知识资本完全自由溢出；$\lambda = 0$ 表示公共知识资本不能溢出（知识溢出只限于当地）；在 $0 < \lambda < 1$ 范围内，可以认为 $1 - \lambda$ 是公共知识在溢出到其他区域时损耗的部分。

对于企业的私人知识资本，可以假设它在区域间不能自由流动。由于私人知识资本专门用于新产品的生产和新企业的创建，所以私人知识资本的数量等于企业数量（因为每种差异化产品的生产需要一单位资本作为固定成本）。根据该假设，$s_n = s_K$、$s_n^* = s_K^*$，其中，s_K 和 s_K^* 分别表示区域 1 和区域 2 私人知识资本所占份额。

创新知识的局部溢出模型是一种增长模型，它涉及效用函数的跨期性，假设消费者能够实现跨时期效用的最大化。效用函数仍由柯布—道格拉斯型效用函数和不变替代弹性效用函数给出。不是一般性的话，可假设消费者的跨期替代弹性为 1，并把各期效用函数表示为对数形式，于是有：

$$U = \int_{t=0}^{\infty} e^{-t\rho} \ln C \, dt, \quad C = C_A^{1-\mu} C_M^{\mu}, \quad C_M = \left(\int_{i=0}^{n^w} c_i^{1-1/\sigma} di\right)^{1/(1-1/\sigma)}$$

式中，ρ是消费者的时间偏好率，即消费者的效用折现率。

3.4.2 均衡的实现过程

3.4.2.1 短期均衡

短期均衡中，产品市场完全出清，消费者实现效用最大化，企业实现利润最大化。每个企业的营业收入来自本区域和外区域。作为每个企业固定成本的一单位资本的收益率取决于本地和外地两个市场的销售。在局部溢出模型中，知识资本存量一直在增长，即K^w不是固定的，其资本存量K^w的增长率g对长期而言是变量，资本的空间分布s_n在长期而言也是变量，但在短期这两个变量可以视为不变。短期均衡不考虑资本价值和资本增长的关系，只是保证两个区域资本增长率相同。

由于每个企业都以一个单位资本作为固定成本，故资本收益就是企业的经营利润，故在局部溢出模型中的资本收益与资本创造模型中的资本收益一致，即：

$$\pi = bB \frac{E^w}{K^w}, \quad \pi^* = bB^* \frac{E^w}{K^w}, \quad b = \frac{\mu}{\sigma}$$

$$B = \frac{s_E}{\Delta} + \varphi \frac{1-s_E}{\Delta^*}, \quad B^* = \varphi \frac{s_E}{\Delta} + \frac{1-s_E}{\Delta^*}$$

$$\Delta = s_n + \varphi(1-s_n), \quad \Delta^* = \varphi s_n + (1-s_n)$$

$$s_E = \frac{E}{E^w}$$

$$E^w = w_L L^w + \pi s_n K^w + \pi^*(1-s_n)K^w$$

短期均衡下，资本空间分布 s_n 和相对支出规模 s_E 保持不变，此时，尽管两个区的资本增长率相等，但是资本价值并不一定等于资本生产成本，即不一定满足经济系统的长期均衡条件，以此为基础可以获得具有普遍意义的短期相对支出规模 s_E，支出用资本和劳动两要素之和与资本生产成本之差表示，相对支出规模 s_E 仍然用区域1的支出 E 与全域总支出 E^w 之比表示。

根据式（3-16），局部溢出模型的资本创造成本为 $a_I = 1/[K^w(s_K + \lambda(1-s_K))]$，每个区域的资本创造成本与经济系统总的资本存量成反比，与知识资本跨区域溢出容易程度 λ 成反比，这样资本生产成本是不断降低的。每个区域的资本收益仍然是由本地和外地两个销售市场决定的，在经济系统处于非均衡的时候，扩张区域的资本在增长而衰退区域的资本在减少。知识资本的收益取决于企业空间分布 s_n 和相对市场规模 s_E。

为了得出相对支出规模，短期内我们将 s_n 看作是既定的，并且两个区域的资本都是以 g 的速度净增长，用区域1的支出除以全域的总支出可以得出区域1的支出份额，区域1的支出可表示为要素收入减去资本创造投入。相对支出规模 s_E 取决于企业空间分布 s_n 和资本增长速度 g，由于初始状态，假设区域1和区域2的资本创造成本相同且不与本区域的资本份额有关，随着知识资本存在跨区域溢出的可能性，企业空间分布的变动就会影响资本的创造成本，进而也会影响资本的增长速度，从这一点来说，空间对于中小企业产出的影响，或者说经济增长的影响是非中性的。

在资本折旧和贸易自由度一定的条件下,创新知识资本局部溢出模型的相对支出规模 s_E 取决于中小企业空间分布 s_n、公共知识资本溢出的容易程度和短期资本增长速度 g。或者说,由于知识资本溢出存在空间的非中性特点,产业的集聚会使中小企业发展环境更加趋"好"。

3.4.2.2 长期均衡

(1) 长期均衡条件。局部溢出模型的长期均衡条件是资本生产成本等于资本的价值,即两个区域1、区域2的托宾 q 值都等于1。长期均衡的形态有两种:一是内点均衡($0 < s_n < 1$),两个区域资本创造的增长率相同,即 $g = g^*$;二是角点均衡,也就是核心—边缘结构均衡($s_n = 0$ 或 $s_n = 1$),此时一个区域占有经济系统全部资本,该区域也是唯一生产新资本的区域。与标准的核心—边缘(CP)模型和自由企业家(FE)模型有所不同的是,局部溢出模型的内点均衡包括对称均衡和非对称均衡两种,对称均衡是知识资本呈新古典分布状态,即两个区域的资本份额都等于 $\frac{1}{2}$,而非对称内点均衡是一种空间分布状态,指两个区域的资本份额不等但是增长率相同,每个贸易自由度水平都对应某种资本空间分布形式。

(2) "本地溢出效应"的集聚力。长期中,局部溢出模型的两个区域通过创新知识资本的生产与折旧,会导致区域资本存量的变化以及相对资本份额的变化。初始时,每个区域的资本存量不断增加,直到每单位资本价值恰好等于资本创造的成本,此时达到最初的对称长期均衡,两个区域的资本同时以某个相等的速度增长。局部溢出模型的资本生产成本同资本的区位联系在一起,资本的本地溢出效应决定一个区域的资本存量越大,则本区域的资本生产成本越小,资本生产成本越小,则资本生产的动力也就越大。因此,本地溢出效应会给本地中小企业的发展额外施加另一种形式的"聚集力"。

随着贸易自由度增加到突破点时,以"本地市场放大效应"形式表现的聚集力和以"市场拥挤效应"形式表现的分散力,再加上以"本地溢出效应"形式表现的聚集力共同作用,总的聚集力开始大于分散力,此时如果受到外生冲击,那么某个区域的资本生产过程开始加速,另一区域则开始减速,宏观上表现为资本的空间分布开始变化。在此过程中,也会出现资本价值刚好等于资本生产成本的 s_n 和 s_E 组合,形成内点非对称均衡。这种动态调整过程一直持续到所有资本都集中到某一个区域,进而形成稳定的核心—边缘均衡,此时,核心区的资本价值等于资本生产成本,但是此时资本增长速度要大于对称均衡的增长速度,这说明了经济区位影响了资本的增长速度,也即影响了经济的增长速度,可见,空间的作用并不是中性的。总之,在局部溢出模型中,除了传统的"本地市场放大效应"和"市场拥挤效应"影响中小企业发展环境之外,"本地溢出效应"是另一种影响中小企业发展的关键要素,前两种效应影响资本收益率,而后一种效应影响资本生产成本。本地知识资本的研发创造对提升中小企业发展环境至关重要。

(3)均衡经济增长率。根据长期均衡条件,可知资本增长率等于经济增长率。首先考虑一下新古典分析视角下产业呈对称均衡时的经济增长率,由局部溢出模型的均衡条件可以得出对称均衡时的经济增长率和收入水平(支出水平),即:

$$g^S = \frac{1}{2}b(1+\lambda)L^w - (1-b)\rho - \delta, \quad E^w = L^w + \frac{2\rho}{1+\lambda} \quad (3-17)$$

式中，上标"S"表示对称。接着考虑一下空间经济学中的产业呈核心—边缘结构均衡时的经济增长率，同样可以得出此时的经济增长率和收入水平，即：

$$g^C = bL^w - (1-b)\rho - \delta, \quad E^w = L^w + \rho \quad (3-18)$$

式中，上标"C"表示核心—边缘结构。式（3-18）是所有资本都集中在区域1时的长期均衡增长率和经济系统总收入水平。

比较上面两种情况下的增长率，从式（3-18）减去式（3-17），则可以看到，集聚下的增长率比对称分布的增长率高，即：

$$g^C - g^S = \frac{b(1-\lambda)}{2}L^w \quad (3-19)$$

由式（3-19）可以看出，中小企业产业聚集模式下的经济增长率高于产业呈均匀分布模式下的经济增长率，空间创新知识资本的溢出效应对改善中小企业发展环境，进而对经济增长会起到重要的促进作用。一地区知识创新的驱动或者研发能力是衡量中小企业发展环境改善与否的一个核心标杆。

3.4.3 战斧图分析

在局部溢出模型中，突破点比持续点小，这样当贸易自由度逐渐提高时，对称均衡从稳定变为不稳定，当贸易自由度大于持续点时出现稳定的核心—边缘均衡。从稳定的对称均衡到稳定的核心—边缘结构之间，还存在两个另外的内点均衡，这些内点均衡在 $S_n = 1/2$ 点两侧对称分布。由此可以得到创新知识局部溢出模型的战斧图（见图3-3）。

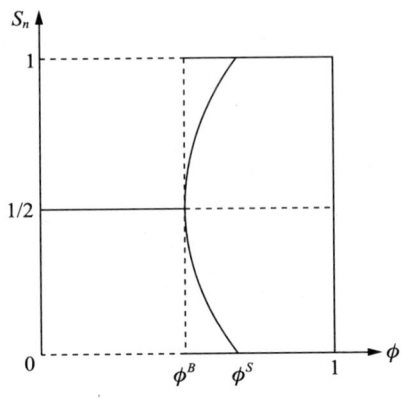

图3-3 "禅杖"图

从图3-3可以看出,局部溢出模型没有突发聚集和不同均衡的重叠区,这样的战斧图与其说像战斧,不如说像鲁智深的"禅杖"。

局部溢出模型没有突发聚集这一特征,这与局部溢出模型中的突破点小于持续点有关。随着地区间贸易自由度的提高,当贸易自由度大于突破点时,对称均衡被打破;当贸易自由度位于突破点和持续点之间时会出现两种非对称的内点均衡;当贸易自由度大于持续点时,两种非对称的内点均衡逼近两个稳定的核心—边缘均衡。也就是说,在局部溢出模型中存在过渡性的内部稳定均衡,因而不存在突发的聚集现象,于是两种均衡之间的转换不会随着人们预期行为的改变而改变。

当贸易自由度大于突破点时,存在两种局部稳定均衡,经济可能向区域1或区域2转移(两个非对称的内部均衡),或经济最终聚集在区域1或区域2(两种稳定的核心—边缘结构)。这意味着,暂时性政策冲击可能使得经济系统处于核心—边缘结构(以区域1为核心或以区域2为核心),或者经济活动从一个地区转移到另一个地区(向区域 1 转移或向区域 2 转移)。因此,这种暂时性政策冲击将产生永久的影响,而这种永久性影响是难以消除的。也就是说,难以改变暂时性政策冲击而形成的某种路径。这说明,当知识创新活动与产业的空间集聚形成合力时,一地区商业文化传统对知识创新能力的影响将变得持久而强大。它决定了中小企业创新环境的初始禀赋、形成路径依赖和区位黏性的效果。

3.4.4 主要特征

同核心—边缘模型和自由企业家模型一样,局部溢出模型也显现出与需求关联和成本关联的循环因果关系。资本增加导致生产的扩大,生产的扩大导致支出的扩大,进而放大本地市场规模。但不同于核心—边缘模型,这种与需求关联的累积循环因果链并非因物质要素的流动而发生,而主要是通过资本生产或资本耗损发生的。因为资本收入在当地消费,因此生产的资本将扩大本地市场。

与核心—边缘模型中成本关联的循环因果关系的形成机制不同,创新知识生产部门 I 的劳动力的当前劳动生产率主要依赖过去生产经验的积累。创新知识生产部门 I 的劳动力不仅掌握从外区溢入的知识,也掌握从本地过去的生产经验中学到的许多知识,这样就存在所谓的"跨期垂直联系"效应。区域 1 的资本以及生产份额的大小,依赖于区域 1 过去的生产状况,这种份额越大,其创新部门的生产率也越高,这使得区域 1 对创新者更富有吸引力,企业发展环境便越好,进而区域 1 将来的产业份额也就很大。

局部溢出模型假设创新知识的溢出效应随距离衰减,因此中小企业越接近知识源，所获得的创新知识就越多，资本生产成本越低，资本的生产速度也就越快，资本累积导致的支出转移效果也越明显。这种接近知识源降低资本生产成本，进而导致资本积累和支出转移效应，形成了中小企业发展环境中与成本关联的循环累积因果关系。

此外，内生的经济增长也会形成一种中小企业的聚集力。当 $\lambda=0$ 时，知识没有溢出，所有知识只应用在本地。当初始状态为对称时，如果发生某种外生冲击，那么资本份额略大的区域的资本积累快于另一个区域，该区域逐渐成为核心区，而另一个区域则成为边缘区。这样，原先资本份额较大的区域的经济得到快速增长，这对其他资源而言具有很大的吸引力，因此经济的这种内生增长成了一种聚集力。当 $\lambda=1$（此时不存在区际知识溢出障碍）时，如果贸易自由度足够低，则对称均衡是稳定的；随着 λ 增大，维持对称均衡稳定的贸易自由度的取值范围越来越大，也就是随 λ 的增大，对称均衡不易被破坏，说明知识溢出是促使经济分散的力量。

创新知识的局部溢出模型最重要的特征为经济区位影响经济增长。当贸易自由度小于突破点时，对称均衡是稳定的，此时产业和创新中心在区位分布上是分散的，知识溢出很微弱，创新成本很大。当贸易自由度大于持续点以后，核心—边缘结构变成了唯一的稳定均衡，此时产业和创新中心都集中一个地区，知识溢出强度非常大，创新成本非常小。这意味着要提高经济系统的经济增长率，使得经济进入"快车道"，可以采取非均衡战略，促使生产要素向某一区域聚集。

因区际非均衡力的存在，如果实现经济自由化，则最终导致经济增长的空间差异，核心区居民不必支付商品的交易成本，因而实际收入增加；相反，边缘区居民则要支付交易成本，因而实际收入减少。这种经济增长在空间上的差异常伴随着所有地区经济的发展过程。显然，聚集力对核心区福利水平的提高具有正向效应，但对边缘区福利水平的影响是不明确的。边缘区福利水平的变化必须考虑失去产业而导致的静态损失和经济增长而导致的动态收益之间的相对关系，这种动态和静态的相对关系决定边缘区总体福利水平的变动情况。如果对制造业产品的支出份额 μ 很小，那么经济增长率的提高对福利水平的影响较小，此时从经济聚集中受到的静态损失占主导，此时边缘区的福利状况变坏。如果对制造业产品的支出份额 μ 很大，则边缘区从经济增长中获得的动态收益占主导，此时两个区域的发展环境都将有所改善，因而都会从经济增长中获益。但我们知道，对工业品的支出份额 μ 很大的地区，已经不是传统意义上的贫困落后地区，而是较发达地区，μ 很小的地区仍然是传统的贫困落后地区。因此，对较发达地区而言，经济增长的动态效应占主导，可以提高福利水平，而对贫困落后地区而言，产业份额损失的静态效应占主导，这将进一步恶化当地的福利水平。

第4章 中小企业发展环境评价方法

中小企业发展环境的内涵和外延十分丰富。它包含了对中小企业有直接或间接影响的各种因素，包括经济区位、自然资源禀赋、人力资源禀赋、公共设施、原料供应、市场化程度、竞争力状况、信息流动、金融条件、税收负担、社会服务、经济政策、法律法规、社会文化、政治形势等，这些因素涵盖经济、社会、政治、文化、法律、自然资源、基础设施、信息、服务以及政策等诸多方面。因此，中小企业发展环境评价是一个严密协调的系统工程，需要把自然、经济、科技、管理、社会、法规和政治的各种经济与非经济的复杂因素，以及根据评价的目标和要求，在遵循中小企业自身发展的规律的基础上，对这个系统工程的各个侧面进行恰如其分的选择和划分。这种选择和划分必须依照一定的原则来进行，具体来说，这些原则包含科学性、可比性、全面性、简洁性和系统性原则。

第4章 中小企业发展环境评价方法

4.1 指标体系设计的基本原则

对某区域的中小企业发展环境进行评价和分析,指标选择与指标体系的构建十分重要,它直接涉及研究结论的客观性、科学性、准确性与可靠性,也涉及能否为决策部门提供一个量化的、具有可操作性的依据。按照系统论的思想和目前国内外中小企业发展环境理论与影响我国各地区的企业发展现实条件,在研究、选取和构建评价指标体系时,我们认为应该遵循以下原则:

4.1.1 科学性原则

中小企业发展环境系统中的每一个指标都应具有确定的、科学的深刻内涵。指标系统的建立应该根据发展环境本身及经济社会发展的内在联系,依据发展环境评价理论和统计指标系统建立的科学理论和原则,选择含义准确、便于理解、易于合成计算及分析的具体、可靠和实用的指标,以客观、公正、全面、科学地反映区域发展环境的本质和规律性。

4.1.2 可比性原则

指标系统的构建应该通过借鉴和吸取国内外的研究经验和成果,便于国内各个地区的对比,又能经过适当的调整而方便国际间比较,同时对同一地区的不同时期还可以进行动态对比。这就要求在选择指标时，必须考虑到指标的历史延续性，以及支撑分析和预测的可能性。因此，为了增强各个区域发展环境的可比性，必须准确地分析和研究统计资料及其含义，参考统计年鉴和其他相关年鉴及文献，选用范围和口径相对一致的相对指标和平均指标，同时也选用一些总量指标，一方面可以确保因素变量不会因为经济规模、人口多寡或面积大小等因素的影响而使分析结果产生偏差，另一方面也可以增加指标体系的综合性和关联性。

4.1.3 全面性原则

中小企业发展环境评价体系是由多因素构成的多层次的组织系统，同时又受到系统内外众多因素的影响和制约。发展环境指标系统具有范围广、信息量大的特点，要求我们在遴选指标时必须尽量全面、完整地选择各级各类的指标，要使得发展环境硬指标与软指标、总量指标与平均指标、绝对指标和相对指标、定性指标和定量指标相结合。这样做的目的是尽量从各个侧面、各个层次去揭示、描述和反映发展环境体系的整体状况的优劣程度，去衡量发展环境水平的高低和质量的好坏，以免遗漏某些重要的信息，造成片面性，从而导致评估结果的非科学性。

4.1.4 简洁性原则

选择发展环境指标体系固然要遵循全面性的原则，但这并不意味着选择指标时必须面面俱到、繁冗累赘。相反，指标的遴选和设置需要考虑典型性和代表性，尽可能地使经济含义相同相近，或相关性较强的指标不被重复选入，以期用尽可能少但信息量尽可能大的指标去反映尽可能多的各方面问题，把全面性和简洁性有机地结合起来。此外，简洁性的要求还体现在发展环境评价体系应该具有实用性和可操作性，指标数据的选择、获得、计算或换算，需要立足于现有统计年鉴或文献资料，至少是容易获得、计算或换算，并采取国际认可或国内通行的统计口径，同时指标的含义具体明确方便有效地进行定量分析和评价。

4.1.5 系统性原则

发展环境评价体系是一个由具有一定结构和功能的各因素组成的有机体。指标和指标体系并不是一个绝对静止的概念，而是一个相对动态的时时处在发展演进之中的概念。因此，在选择和确定具体指标来构建指标体系时，要综合考虑发展环境的整体性、动态性和系统性，既要选择反映和衡量系统内部各个子系统发展状况的指标，又要包含反映各个系统相互协调以及系统外部的环境指标（如政策变量等）；既要有反映和描述发展环境体系状况的静态指标，又要有反映和衡量系统质量改善和素质提高的动态指标。同时，还要随着时间的推移、地点的变化和实际情况的不同，指标系统能够适应动态发展变化的需要而进行相应的适当调整。

4.2 评价指标体系设计的基本内容与方法

众所周知,世界上任何事物都不是孤立存在的,其生存与发展离不开一定的环境条件,中小企业尤其如此。在由大企业与中小企业充斥的市场竞争与合作中,如何通过中小企业与大企业的复杂关系,评价中小企业自身所需要的特殊环境,可以说是考察中小企业发展环境的重要方面。综合来讲,我们可以把企业作为一个开放的系统来看待,它与环境之中存在着相互交换、相互渗透和相互影响的关系。企业从劳动、技术、资本、信息等生产要素的投入开始,到把这些投入转化为产品或劳务,以及企业成员所需的各种形式的报酬而离开企业,无不体现着企业与环境之间的交换关系。

4.2.1 单一指标评价

一般来说,企业的发展环境可分为两个方面:一是内部环境,它考察的是与企业生产经营活动直接关联的因素,与市场交易合约紧密相关,包括产品消费、要素供给、市场竞争三个方面;二是外部环境,它考察的是企业与其生产经营活动有一定间隔的因素,包括文化、技术、教育、政治、法律、自然资源、人口、经济政策、社会等方面的要素,它通过影响企业缔结交易合约的方式进行。根据这些影响因素,可以追踪和设计出一个个简单直接衡量企业发展环境的单一指标。

企业的"产品消费"系指企业产品和劳务等最终产品的社会需求。"要素供给"是指企业所需的原辅材料、机器设备和劳动力等要素的交易与供给。"竞争"是指企业内部和企业之间所开展的基于要素、产品或者基于中间产品和最终产品之间的具有排他性的占有或使用状态。

外部环境中的"文化"因素,是指社会历史背景、意识形态以及人们的信仰、价值观、乡规民约、风俗习惯道德水准、诚信状况等;"技术"因素是指科学技术的发展状况,包括交通运输、通信设施、机器设备、原辅材料、能源、管理手段、企业素质、社会科技发展水平等;"教育"因素是指居民普遍的受教育程度和受过高等教育、专业教育、专门训练的人口占比,也包括整个社会的教育制度完善程度,教育因素影响企业各类人员的教育和专业水平,制约着企业的生产和管理效率;"政治"因素是指政权的结构和性质及其实行的政策,以及政治组织状况和社会政治氛围,它是企业赖以生存发展的重要条件,其健全和稳定程度对企业的未来预期起着十分重要的作用;"法律"因素是法制化程度的总称,特别是与企业经营活动直接相关的法律,如公司法、反垄断竞争法、环境保护法等,其对企业发展的作用是既保护又限制,企业必须在法律规定的准则指导下开展经营活动;"自然资源"因素系指气候、土地、水质、矿藏等进行生产经营活动的各种自然资源的状况,它是企业组织生产经营活动必备的自然物质基础;"人口"因素系指人口的数量、分布、年龄、性别结构等情况,它既是企业生产经营活动必要的人力资源条件,又是企业产品和劳务的市场条件;"经济"因素系指社会基本经济结构,包括经济组织的所有制类型的不同占比、经济计划的集中与分散程度、政府经济政策特别是财政金融政策的特点、社会经济发展的总体水平以及与之相联系的居民一般消费水平和消费特征等；"社会"因素系指社会制度及其发展、阶层结构及其变动、社会组织性质及其作用，以及企业和社会利益集团所建立起的相互关系。

根据以上影响企业发展环境的十多种基本要素，可以选择恰当的指标作为判断其状态水平的有效衡量，例如文化因素，可以用民间借贷规模、民事诉讼比率、贷款坏账率等指标来刻画，受教育程度可以用文盲率、大专以上毕业生比率等指标衡量，创新能力可以用知识产权保护强度、专利科研成果转化率等指标来衡量。总之，根据各地区可比性的不同，可以区别选择相应的指标。当然，单一指标也有它的局限性，即只注重现象的刻画，无法反映深层次原因，例如有研究表明，国际知名企业微软公司根据市场竞争状况而制定的企业发展战略规划，只能覆盖18个月的短周期，至于为什么会造成如此快的市场变化格局，该指标本身并不能说明其中的原因，或者说，单一指标所反映的问题需要用别的综合指标或指标评价体系来加以说明。

像微软这样的大企业，其内外部发展环境变化之快都令人目不暇接，更不用说为数众多差别巨大的中小企业了，所以同一发展环境评价体系如何体现行业因素、局部变化、短期的预警特征，这是十分具有挑战性的事情。

4.2.2 指标体系中的极化评价法

经济学中有一个可以被形象地称为"木桶法则"的原理，系指一个长短不齐的木板做成的木桶,其盛水的容量是由最短的那块木板决定的,其他的木板再长也没有用。类似的情形在机械设计中颇为常见,如机器的寿命是由最薄弱的部位决定的,最薄弱的部位坏了,其他部位再好机器也要停。中小企业发展环境也面临同样的问题,诸多单一指标中,单从环境的角度判断企业发展的前景不是取决于最好的要素,而是取决于最弱势的要素。只要某个指标不尽如人意,那么其他方面的努力经过一段时间的"磨合"后就都有可能前功尽弃。也就是说,营造良好的企业发展环境最基本或称为唯一的原则就是"等优"。

例如,在中小企业发展环境的诸多影响因素中,最薄弱的环节不同的人有不同的看法,在企业发展的不同阶段上,会产生因时因地不同而对"短板"的认识不一致的现象,例如常规一点的看法,有人说是融资环境不好导致了中小企业发展环境的恶化。毋庸讳言,同大企业雄厚的资本实力相比,中小企业融资难的确是一个长期制约中小企业发展的重要因素,但笔者认为,这还不是中小企业最突出的"短板",相比之下,创新能力不足,缺少有市场潜力的创新项目,可以说是制约企业发展的生命线。在这种情况下,纵然其他因素一应俱全,中小企业最多不过是为社会又多添了一份重复建设而已,融资条件再好,也承担不起产品积压的损失和高昂的交易费用。可以说,在这种融资条件宽松、创新动力不足的情况下,企业即便能够存在,那也是短命的。实践中,中小企业创新能力是内生变量,对政府而言,可控性并不强,于是一些县域乡镇级别的地方政府,往往致力于寻找中小企业发展环境中"短板"的替代变量,以搞运动的思维方式直接干预中小企业的发展。如近年来一度"流行"的县级政府创造的旨在改善中小企业发展环境的"经济110""重点保护企业"等方式和手段，尽管在一定时期和一定程度上放宽了中小企业的发展环境，但随后的事实证明，就企业环境建设工程而言，这只是"撕开了一个口子"，于整体的"补效"并不大。

因此，标法极化评价指在一定时点上，充其量只是一种静态或比较静态化的评价方法，对动态分析特别是预测分析，往往会因问题的性质不同而显出巨大差别，具有较大的局限性，需要具体问题具体分析。

4.2.3 综合因子得分评价法

评价一个地区中小企业发展环境的指标很多，但由于指标间具有复杂的相关关系，难以直接给出评价，需要把各项指标归纳变为一项或多项综合指标予以反映。因子得分评价法就是这样一种多元统计方法，假定有 m 个地区，n 项评价指标，矩阵 $[X_{ij}]_{m \times n}$ 则为评价样本矩阵，其基本步骤如下：

（1）原始数据的标准化处理，即将同一变量减去其均值再除以标准差，以消除不同量纲的影响，记为 $Y_{ij} = (X_{ij} - X_j)/d_{ij}$，其中，$Y_{ij}$ 为第 i 个地区第 j 个指标的标准化数值，X_{ij} 为第 i 个地区的第 j 个指标，X_j 为 m 个地区第 j 个指标均值，d_{ij} 为第 i 个地区指标的标准差；

（2）给出标准化矩阵 Y 的相关矩阵 R；

（3）求 R 的特征值，并根据特征根确定相应的正交化特征向量；

（4）计算特征根的累计贡献率，并根据累计贡献率大于 85% 的原则确定主因子的个数 k 和相应的特征向量矩阵；

(5) 计算主因子得分值；

(6) 计算综合评价总得分，分值越高，则说明地区中小企业发展环境状况越好。按如下公式以各因子的信息贡献率作为加重权数计算各地区中小企业发展环境的综合测评得分：

$$Z_i = \frac{1}{\lambda_1 + \lambda_2 + \cdots + \lambda_k}(\lambda_1 Y_{1i} + \lambda_2 Y_{2i} + \cdots + \lambda_k Y_{ki})$$

其中，Z_i 为地区中小企业发展环境综合评价得分，Y_{ji} 的系数为各因子的信息贡献率（各因子的方差贡献率与 k 个主成分的累计贡献率的比值）。需要指出的是，有时候因子得分可能会出现 0 甚至是负值，这只意味着因子得分的地区间比较所具有的相对顺序和位置，不能说明地区间中小企业发展环境是 0 或者很"差"。

4.2.4 指标体系的属性评价方法

属性评价类似于虚拟状态变量的设置，所不同的是，虚拟状态变量往往对数量分析中无法量化的变量加以人为处理，如将性别变量"男"设为 1，"女"设为 0 等。经济学中的属性评价是为了一定的决策目的之需，对变量信息的一种提炼，如通货膨胀率 6% 以上是严重通货膨胀，3%~6% 是温和通货膨胀，收入分配的基尼系数为 0.5 以上，表示收入差距拉大，社会财富分配严重不平等，0.3~0.5 为不平等。

理论界对于属性变量的研究已经取得了丰硕的成果，开发出了非常新颖和完善的计量经济的处理方法，常见的有计数模型（离散泊松模型）、Z-score 判别分析模型、Logit 预警分析模型、Probit 模型等。

这里就用到的泊松计数模型作一简要介绍。该模型实际是一种半对数模型，作为考察对象的应变量 y_i，假定其服从参数为 λ_i 的泊松分布，其中 λ_i 同解释变量 x_i 存在某种关系。模型的初始方程为：

$$\text{Prob}(Y_i = y_i) = \frac{e^{-\lambda_i}\lambda_i^{y_i}}{y_i!}, \quad y_i = 0, 1, 2, \cdots$$

假设 $E(Y_i | x_i) = \exp(x_i\beta)$，$i = 1, 2, \cdots, n$。y 条件均值的对数是 x 和 β 的线性函数。意味着 y 的条件均值每增加 1 单位，只需要 $x\beta$ 较小的增加，y 条件均值的给定百分比变化所要求的 $x\beta$ 的变化是恒定的。

设 $Y_i | x_i \sim Po(\lambda_i) \quad \lambda_i = E(Y_i | x_i) = \exp(x_i\beta)$

易知，最简便的处理 λ_i 的方程是对数线性模型，即 $\ln\lambda_i = \beta'x_i$。

$$E[y_i | x_i] = \text{Var}[y_i | x_i] = \lambda_i = e^{\beta'x_i}$$

$$\frac{\partial E[y_i | x_i]}{\partial x_i} = \lambda_i\beta$$

这是一个非线性模型，可以用极大似然估计法进行参数估计。对数似然函数为：

$$\ln L = \sum_{i=1}^{n} [-\lambda_i + y_i\beta'x_i - \ln y_i]$$

$$\frac{\partial \ln L}{\partial \beta} = \sum_{i=1}^{n} (y_i - \lambda_i)x_i = 0$$

利用 Newton 迭代法可得到方程的参数估计值。由于对数似然函数的 Hessian 矩阵对任何 x 和 β 的取值是负定的。即 LnL 在稳定点有极大值，稳定点是指满足一阶条件的 β。于是：

$$H(\beta; y, x) = \frac{\partial^2 \ln L}{\partial \beta \partial \beta'} = -\sum_{i=1}^{n} \lambda_i x_i x_i'$$

利用 Newton – Raphson 迭代法得：$\hat{\beta}_{t+1} = \hat{\beta}_t - (H(\hat{\beta}_t))^{-1}g(\hat{\beta}_t)$

第4章 中小企业发展环境评价方法

$$g(\cdot) = \frac{\partial \ln L}{\partial \beta}$$

最后,我们可以根据对应参数的τ-统计量(相当于回归参数的t-统计量)和方程的拟合优度的大小来检验模型在计量意义上的合理性。

对发展环境指标作属性评价,可收到化繁为简、分类归宗的目的,同时与其他多种方法相对照、补充和验证,有利于对中小企业发展环境状况进行全面科学而准确的考察和研究,使评价结果更具有解释力和说服力,为其他地区共享发展经验和教训提供可能。

4.3 空间指标的度量

4.3.1 空间协调系数

空间协调系数是用来反映地区产业结构与收入结构相互协调性的指标,它由相似系数演化而来。在一个产业空间内部,经济发展中的协调性和可持续性可以用协调系数的大小来衡量。协调系数的计算根据以下公式:

$$H_{SM} = \frac{\sum_{i=1}^{n}(S_i M_i)}{\sqrt{\sum_{i=1}^{n} S_i^2 \cdot \sum_{j=1}^{n} M_j^2}}$$

其中,H_{SM}表示产业结构与收入结构协调系数,用来描述空间产业结构与收入结构的协调发展或均衡程度。一般 $0 \leqslant H_{SM} \leqslant 1$，其中，S 为第 i 产业的产业结构，$M_i$ 为第 i 产业的收入分配结构，为了便于计算，产业的划分可以按照标准的三次产业进行。H_{SM} 越接近于 0，表示该地区产业结构与收入分配结构协调性越差，因而地区经济增长的可持续性就值得怀疑；反之则相反。空间协调系数的优点不仅可以用来作为同一地区不同时点（段）的比较，还可以用来作为同一时点（段）不同区域的空间比较，以得出空间经济发展总量与结构的差异程度。

4.3.2 Hoover 区位商

Hoover 区位商简称区位商，又称专门化率，最早由哈盖特（P. Haggett）提出，经胡佛尔（Hoover）发展而用于区位经济分析的。该指标可以用来衡量某个产业空间要素的分布状况，反映该产业空间中某产业部门的专门化程度，或某个区域在高层次区域中的地位及其作用等。在产业结构、就业结构、经济增长、收入分配等空间经济的研究中，该指标被广泛用于分析区域内主导专业化部门的状况。其计算公式为：

$$E_{ij} = \frac{q_i}{\sum_{i=1}^{n} q_i} \bigg/ \frac{Q_i}{\sum_{i=1}^{n} Q_i}$$

其中，E_{ij} 表示某区域 i 部门对于高层次区域的区位商；q_i 为某区域部门的绝对指标，如产值、产量、生产能力、就业量等，Q_i 为高层次区域部门的有关指标；n 为部门总数。如果 E_{ij} 值大于 1，则表明所研究的空间中某产业部门的集中程度大于较高层次的区域水平的平均值，该产业部门必定是研究区域的产品输出部门。E_{ij} 值越大，表明研究区域中该产业部门空间集聚程度越高。反之，如果 E_{ij} 值小于 1，则该产业部门不是研究区域的专门化部门。

4.3.3 Herfindahl 指数

在空间经济学中，Herfindahl 指数是用来衡量产业集聚程度的重要指标，最初由 A. Hirschman 提出，经美国哥伦比亚大学 O. Herfindahl 加以改进而成，其理论基础来源于贝恩（Bain）的"结构—行为—绩效"（SCP）理论，计算公式为：

$$H_i = \sum_{j=1}^{n} (x_{ij}/X_i)^2, \quad X_i = \sum_{j=1}^{n} x_{ij}$$

其中，x_{ij} 表示 j 地区 i 产业市场规模总量，X_i 表示所有地区 i 产业的规模总和，x_{ij}/X_i 表示第 i 个企业的市场占有率，n 表示空间中的地区数量。Herfindahl 指数的取值范围是 [1/n, 1]，数值越大，则产业空间集中程度就越高。若产业的所有经济活动集中于一个区域，则 Herfindahl 指数等于 1；相反，若产业平均分布于 n 个经济区域，此时 Herfindahl 指数达到最小值为 1/n。

设产业的区域平均规模为 $\bar{x}_i = X_i/n$，则有：

$$\sigma^2 = \sum_{j=1}^{n} (x_{ij} - \bar{x}_i)^2/n = \frac{1}{n}\sum_{j=1}^{n} x_{ij}^2 - \bar{x}_i^2$$

定义 $c_i = \dfrac{\sigma}{\bar{x}_i}$（$\sigma$ 为标准差）为 i 产业经济规模大小变化系数，则有：

$$c_i^2 = \frac{\sigma^2}{\bar{x}_i^2} = \left(\frac{1}{n}\sum_{j=1}^{n} x_{ij}^2 - \bar{x}_i^2\right)\bigg/\bar{x}_i^2 = \frac{1}{n}\sum_{j=1}^{n}\left(\frac{x_{ij}}{\bar{x}_i}\right)^2 - 1 = n\sum_{j=1}^{n}\left(\frac{x_{ij}}{X_i}\right) - 1$$

于是，Herfindahl 指数可以修正为：$H_i = \dfrac{c_i^1 - 1}{n}$。

Herfindahl 指数考虑了区域数量和区域经济规模两方面的影响，因此能很好地反映产业的集中程度，同时也能够反映市场垄断与竞争程度的变化，对经济区域的合并与分解，反应尤其灵敏。

4.3.4 空间基尼系数

洛伦兹（Lorenz，1905）在研究居民收入分配时，创造性地提出了用于解释社会分配平均程度的洛伦兹曲线，接下来基尼（Gini，1909）又根据洛伦兹曲线提出了收入分配公平程度的统计指标——基尼系数。1991 年 Krugman 等利用洛伦兹曲线和基尼系数的原理和方法，构造了测定行业在空间分布均衡程度的空间基尼系数指标。

目前，空间基尼系数已经成为一个常见的考察产业在地区间的均衡分布与否的指标，它能直观反映出产业的空间集聚程度。空间基尼系数计算公式如下：

$$G_k = \dfrac{1}{2n^2 \bar{r}_k} \sum_{i=1}^{n} \sum_{j=1}^{n} |r_{ik} - r_{jk}|$$

式中，r_{ik}、r_{jk} 分别表示地区 i 和地区 j 的 k 行业在其地区总量中所占的份额，$\bar{r}_k$ 表示各个地区在 k 行业中的平均值，n 表示地区数。对每一个行业以 r_{ik} 递减的秩序把 r_{ik} 累加，以累积的地区个数 n 作为横坐标，r_{ik} 的相应累积值作为纵坐标，逐个描出 r_{ik} 的累积值，所得的曲线就是洛伦兹曲线。产业的空间基尼系数等于洛伦兹曲线与 45 度线之间的面积的 2 倍。$G_k = 1$ 时，表示全部 k 产业都集中在一个地区，$G_k = 0$ 时，表示全部 k 产业平均分布在各个地区，G_k 越接近于 1，表明 k 产业的区域分布越集中。

产业空间基尼系数将目标经济区的经济规模与整个区域空间的经济规模之比作为一个变量纳入公式，实际上是考虑了区域面积大小对产业集中程度的影响，因此，它对地理集中度的描述比 Herfindahl 指数更准确；其次，将全部行业的空间分布作为比较基准，使得不同行业的计算结果具有可比性，这一特性让空间基尼系数指标得到了广泛的应用。但是由于该方法并非源于区位选择的理论模型，没有考虑企业规模的影响，也没有区分随机集中和源于共享外部性或自然优势的集中，这使得空间基尼系数在衡量产业集聚现象时有时会得出失真性的结论。

4.3.5 EG 指数

Ellison 和 Glaeser（1997）指出，由于空间基尼系数没有考虑到企业之间的差异问题，故而空间基尼系数大于 0 并不一定表明产业集聚现象一定存在。为了避免空间基尼系数的失真问题，Ellison 和 Glaeser 于 1997 年提出了 E—G 指数。其理论基础是两人提出的企业区位选择模型，即如果企业间的区位选择是相互依赖的，企业将趋向选择在具有特殊自然优势或能够在行业内获得其他企业溢出效应的地区集中。跟空间基尼系数相似的地方是，E—G 指数也是通过与全部行业的比较来分析某行业的区域分布。Ellison 和 Glaeser 首先给出了一个经济区域集中度指数，其计算公式为：

$$G = \sum_{i=1}^{n} (s_i - x_i)^2$$

式中，s_i 是 i 地区某产业经济规模占全部地区该产业总经济规模的比重，显然这个数值也是该地区经济规模占全部地区总经济规模的比重。Ellison 和 Glaeser 进一步证明，在服从完全随机分布的条件下，G 的期望值为：

$$E(G) = \left(1 - \sum_{i=1}^{n} x_i^2\right) H$$

其中，H 为某产业的 Herfindahl 指数。以此为基础，两人接着得出了衡量产业地区分布或由自然优势而导致的集中度 E—G 指数，用 γ 表示：

$$\gamma = \frac{G - \left(1 - \sum_{i=1}^{n} x_i^2\right) H}{\left(1 - \sum_{i=1}^{n} x_i^2\right)(1 - H)}$$

通常，γ 的数值大致可以认为是空间基尼系数和 H 指数的差值，0≤γ≤1，γ 越大，表明产业集聚程度越大；反之则越低。E—G 指数最大的意义在于区分了随机集中和企业间由于共享外部性或自然优势而导致的产业集聚，比空间基尼系数的地理意义要更为明确。同时，由于该指标充分考虑了企业规模及地区差异带来的影响，因而弥补了空间基尼系数存在潜在失真现象的缺陷，使之能够进行跨产业、跨时间甚至是跨国际的比较。

第5章 省域间中小企业发展环境比较的实证分析
——以苏州和温州模式为例

5.1 文献述评

到目前为止,可以说对中小企业发展环境的评估和分析,鲜有直接的文献可资参考。究其原因,主要表现在两个方面:一方面,由于该问题一般自然内置于某地区吸引外资的环境评价体系之中,也就是说,如果该地区吸引外资的能力越大,那么相应地吸引本土中小企业的投资热情就越高涨;另一方面,从产业集聚的自然演进过程来看,一个地区的发展环境改善得越彻底,则各种产业集聚现象的发生就越显著,因此,企业发展环境评估体系也被自然地内置于一地区的产业集聚现象的研究之中。

在外商投资企业的产业集聚研究方面,海德等(Head,1995)分析了1980年以来751家日本制造企业在美国的区位分布,发现处于同行业的企业往往会选择集中在一个地区或相近的地区内以取得外部效应,这种集聚效应的经济性主要体现在企业间的技术溢出、专业化的人力资本共享和中间投入品供应的外部性;Linda F. Y. Ng(2003)研究表明,尤其对于中小企业区位选择,聚集因素起着重要的促进作用。此外,分工交易成本也对公司的选址具有显著的影响。斯蒂格勒(1989)从垂直一体化向非一体化转变的角度研究,随着市场容量扩大、产业扩张,如果企业的一系列投入品中某些投入品出现了报酬递增,那么这种报酬递增效应就可能足以使得一个企业专门生产投入品,且投入品的市场定价不高于由原企业内部自己完成的平均成本。从空间上,这种垂直非一体化如果发生在某一个局部地理区域,则表现为产业集聚现象。

从成本角度研究中小企业发展环境也是一个非常重要的研究视角。但成本对于企业发展环境的影响比较复杂,一是因为成本类型繁多,不同的成本类型对不同产业类型、不同区位类型的企业影响不同。例如基于商务成本包括交易费用、制度成本、环境成本等的研究。安礼伟、李锋、赵曙东(2004)通过Delphi评分法对长三角5个城市的商务成本因素进行综合打分,结果认为南京交易费用成本较高,无锡商务成本最具竞争优势,苏州在要素成本上具有竞争优势,而上海和宁波成本优势也非常明显。二是因为即便同一类型成本,不同地区的可比性也存在较大的不同。一个典型的事实是,某一区域要素成本的上升并不必然意味着这一区域经济发展潜力的衰竭。以要素投入成本为例，必须从成本—收益比较的角度来看待要素成本，也就是说，要素投入成本的高低必须放在相同或类似主导产业选择的前提下进行比较，如果忽视具体产业特征，便难以进行单纯的要素成本高低的讨论。同时，由于不同产业对要素禀赋有着不同的要求，不同的企业对同一地区相同的要素条件也有着不同的评价。所以，单纯地认为某些要素成本较高，就会影响该地区竞争力的看法是缺乏依据的。鲁明泓（1994，1997）对国内不同区域外国直接投资的投资环境进行了评估，认为微观环境在很大程度上决定了总投资环境的好坏，宏观环境对总投资环境的影响较小，但该文并未对中小企业投资的路径依赖及中小企业发展环境给予分析和描述。

本章的实证研究试图将我国业已存在的苏州模式和温州模式下企业不同发展环境作一对比分析。事实上，在当前越来越严峻的资源约束和越来越尖锐的就业矛盾挤压下，人们已经清晰地认识到，发展中小企业乃是遵循比较优势战略原则的不二选择。然而，长期以来，由于中小企业自身的局限性，并存在政府机制和市场机制作用边界模糊的特点，在"抓大放小"的惯性思维的影响下，我国地方政府往往对其发展环境建设缺乏足够的动力，以至于事实上要么采取一种放任自流、听之任之的态度，要么在多方利益的博弈下，采取一种"头痛医头，脚痛医脚"的机会主义权宜之计。显然，这对于我国经济的长期可持续发展是极为不利的。我们拟结合我国中小企业发展初具规模的两个城市——苏州和温州来探讨和比较其中小企业发展环境的问题。作为有着悠久的商业文化传统、地理位置相近的两个城市，并对比苏州模式和温州模式下企业不同发展环境将更加有益于更深层次地总结发展经验,发现中小企业发展问题的症结之所在。

5.2 基于苏州模式的企业发展环境分析

5.2.1 私营企业注册登记数量的影响因素分析

下面我们对苏州市中小企业发展影响因素进行实证分析,从而来解释中小企业发展的决定性因素,以期找到中小企业各影响因素及影响强度的大小。

拟选择当年新增私营企业①注册登记数量作为被解释变量,代表该地区企业发展环境的综合成效,下列各指标均作为自变量处理,其代表的含义分别为:经济增长率,代表宏观经济增长率对企业注册成立的影响;货运总量增长率,反映城市交通运输的便捷程度及基础设施硬环境的面貌特征;社会零售总额增长率,反映市场消费容量变化及市场发育程度;进出口增长率,代表企业对外依赖程度因素;实际利用外资增长率,代表招商引资综合成效;通货膨胀率,代表当年的宏观经济因素;企业融资成本指数,代表整个企业金融环境因素;城镇登记失业率,代表该地区人力资本或劳动力资源优势;当年政策优惠

---

① 在我国国有企业"抓大放小"的改革过程中,形成了绝大多数大型企业为国家所有,绝大多数中小型企业以民营企业为主的局面。因此,在讨论中小企业发展环境时,直接以所有制形式划分的民营企业注册登记数量作为分析研究的对象是比较合适的。

第5章 省域间中小企业发展环境比较的实证分析

变动,代表政府对企业的扶持方面的因素。拟选取这些指标作为当年注册企业数量的影响因子,对苏州各年度注册企业数量进行回归分析,试图找到苏州在中小企业发展环境中各种影响因素的重要性及其影响强度。

回归方法采用计数模型(Count Model)中的泊松模型,因为考虑到因变量是苏州每年注册企业数量,是离散的整数,而自变量多是表示苏州当年的经济运行特征如经济增长率的高低、利用外资增长率的高低等分类的属性变量。故对自变量进行如下处理:利用外资增长率以15%为界分为高低两类,政策优惠措施以当年有无相关行政法律变动情况分为两类,经济增长率以12%为界分为高低两类,货运总量增长率以10%分为两类,社会零售总额增长率以15%分为两类,外贸进出口增长率以20%为界分为高增长和低增长两类,城镇登记失业率以3%为界分为高低两类,融资成本指数以贷款利率是否大于6%分为两类,通货膨胀情况按是否发生通胀情况分为通货膨胀和通货紧缩两类。

鉴于数据的可得性,我们考察的是1992~2015年的数据,并按照一定的方法对各个变量进行分类,分类结果如表5-1所示。在建模过程中,为防止多重共线性,在引入虚拟变量时,需要人为地去掉一个。通过软件包 Eviews 6.0 进行回归分析,结果如下:

表5-1 苏州私营企业年度注册登记数量的影响因子及其数值

年份	ZCS	GRZ	MAZ	TRZ	EXZ	FDIZ	INZ	FCG	UNG	FL
1992	8.5	1	1	0	0	0	1	1	1	0
1993	6	1	1	1	1	1	1	1	0	0
1994	7	1	0	1	0	1	1	1	1	1

续表

年份	ZCS	GRZ	MAZ	TRZ	EXZ	FDIZ	INZ	FCG	UNG	FL
1995	10.2	0	1	1	1	1	0	1	1	1
1996	6	0	0	0	1	1	1	1	0	1
1997	7.01	0	0	0	0	0	0	0	0	0
1998	9	1	1	1	0	0	0	0	1	0
1999	11	1	1	1	0	1	0	1	0	0
2000	8.2	1	1	1	0	0	0	0	0	1
2001	14.5	1	1	0	0	0	0	0	1	0
2002	17.9	1	1	0	1	1	1	1	1	1
2003	21	1	1	1	1	1	1	0	0	1
2004	18	1	0	1	0	1	0	0	1	1
2005	21	1	1	1	0	1	1	1	0	1
2006	17.7	1	1	1	0	0	1	1	0	0
2007	19.1	1	1	1	0	0	1	1	0	0
2008	19.8	1	1	1	0	1	0	1	1	1
2009	20.3	1	1	1	0	1	1	0	0	1
2010	20.7	1	1	1	0	1	1	1	1	1
2011	21.6	0	1	1	0	0	1	1	0	0
2012	20.1	1	1	1	0	0	0	1	0	0
2013	21.2	0	1	0	1	0	1	0	1	1
2014	22.7	0	0	1	0	1	0	0	0	0
2015	22.9	0	0	0	1	0	1	0	0	1

注：其中，ZCS 表示私营企业注册登记数量（千家），GRZ 经济增长率高于12%，GRF 经济增长率低于12%（限于篇幅，我们并未列出各变量低于临界值的属性变量的值，下同），TRZ 表示货运总量增长率高于10%，MAZ 表示社会零售总额增长率高于15%，EXZ 表示进出口增长率高于20%，FDIZ 表示利用外资增长率超过15%，INZ 表示已经发生通货膨胀，FCG 表示融资成本指数高于6%，UNG 表示城镇登记失业率高于3%，FL 当年政策优惠不变动。

资料来源：1997 年以后的数据，参考《苏州市国民经济和社会发展统计公报》（苏州市统计局网站）；1997 年以前的数据，根据各年度《江苏统计年鉴》（中国统计出版社）整理得到。

$$ZCS = @\exp(1.521 + 0.741^{**} \times GRZ + 0.198^{*} \times FDIZ + 0.016 \times INZ - 0.087 \times FCG - 0.023 \times UNG + 0.395^{*} \times FL) + \varepsilon$$

(5.17)　(3.462)　(0.895)　(0.072)　(-0.370)　(-0.108)

(1.664)

$R^2 = 0.6046$　　$A - R^2 = 0.5051$　　$F = 2.98$　　样本数量 = 24

括号内为 t 统计量，* 表示为 10% 显著性水平，** 表示为 5% 显著性水平。

由于计数回归模型较好地规避了各解释变量的历史数据不平稳性对建模的干扰，因而能在考察解释变量对被解释变量影响时，得到较有说服力的结果，模型在整体而言是显著的，除去其中一部分变量在检验中不够显著是由于多重共线性造成之外，另一些变量如交通基础设施硬环境和市场发育程度变量的不显著性，只能去寻求经济意义上的解释。事实上，民营企业注册登记数量与经济发展的硬环境的改善，如城市基础设施和市场容量的不显著的原因可能是，由于苏州在经历经济发展初期之后，内资企业对于外资企业的产业配套已接近成熟，后期特别是外资主导的信息技术，如软件开发等创新型中小企业的发展对硬环境的依赖并不像前期那么强烈。

模型中的系数表示自变量对因变量的效应，当年注册登记企业数量与经济增长因素、实际利用外资增长因素、通货膨胀率因素和优惠措施呈现相关性。当年注册登记企业数量与企业融资成本因素呈现负相关关系，与高的登记失业率也呈现负相关性。即经济增长越快，物价温和增长，失业率越低，那么当年注册登记企业数量就越大；经济增长率越低，通货紧缩和失业率越高，则当年注册登记企业数量越少。

高失业率与私营企业注册登记数量呈反比例关系，说明苏州市私营企业成立不是由失业压力促成的，即单纯的劳动力失业压力并不形成创业的原动力。我们还发现，对于苏州外向型经济而言，外贸进出口额对私营企业注册成立影响并不显著，可能是由于外资与外贸呈现高度的比例关系，即由于多重共线性因素而致。实际上，根据历年统计数据测算的外资额与进出口额的相关关系，其相关系数高达0.94以上就很能说明上述问题。这说明对于苏州市而言，利用外资增长率越大，对外贸易就越活跃，因而就越能促进私营中小企业的发展。此外，当年政策优惠变量没有通过5%的显著性水平检验，说明其相关性不是很高，这与鲁明泓（1997）研究的结论较为一致，即政策环境对享有优惠政策的地区来说，尽管非常重要，但其影响力是逐年递减的，优惠政策的长期边际效应不显著。融资成本指数虽然也没有通过检验，但这并不能说明其没有影响，这可能与大量民间借贷因素未被考察、外资的融资需求较低和通货膨胀等因素具有某种关联性。

从回归分析中，我们发现，在注册登记企业当中，当地政府考虑的主要是整个经济增长的情况，也就是GDP政绩观。这也说明，GDP总量、外资引进与企业注册登记之间具有关联性和一致性，结合苏州外向型经济占主导成分的特点，不难发现，其中招商引资是龙头，GDP和企业发展对苏州而言则是顺理成章的结果。

从变量的显著性来看，通过比较各个回归系数的大小，我们发现经济增长率与利用外资增长率最为显著，也就是说，经济增长率对当年注册登记企业数量影响最大。其次是考虑利用外资的政策环境，这一行政性的法规因素较重要，它们也是现实中最有动力促进企业注册成立的。再次是融资因素和通货膨胀因素。相对不够重要的是登记失业率因素,它反映的是劳动者的相关利益,其在当年注册登记企业中的重要性较低,究其原因,一是统计口径有问题,二是开放型经济条件下,本地就业层次的提升对外地劳动力就业的挤出效应,而外地劳动力失业状态在本地的统计数据中又无法准确地反映所致。

5.2.2 苏州模式下本土企业外在不经济现象的形成机制:"两头在外"的掣肘与挤压

苏州作为国内外资集聚最典型的地区,其出口企业不仅是许多终端消费品的出口主力,同时也是这些消费品生产设备的进口大户,作为发展中国家利用外资平台的典型代表,苏州的外资引进集中体现了外资流入东道国的基本策略。可以说,这种生产资料过度依赖进口、同时产品销售又过度依赖出口的"两头在外"的引资模式,是造成苏州的本土制造业企业腹背受"敌"的根源所在(张杰、刘志彪、郑江淮,2008)。一方面,从把持资本要素的进口方面来看,由发达国家(地区)流出的外资衍生的国内诸多制造业企业,由于其始终处在产业链的最底端,外资输出地通过持续动态地引进发达国家不断更新的生产设备可以从成本、质量、技术、环保与安全等方面满足发达国家(地区)迅速提升的市场进入标准要求。同时,外资输出方还利用生产设备的出口作为其参与全球价值链、进入发达国家市场的利益交换

---

① 近年来,苏州的外资企业以中国港、澳、台地区和新加坡、日本、韩国等国为主,逐渐向欧美等发达国家发展。据 2006 年统计,苏州引进世界 500 强企业 3 家,注册资本超 1000 万美元的外资项目达 99 家,行业遍布软件开发和硬件制造,目前,已基本形成了电子通信、机电一体、精密机械等为主的高新技术产业群。

的"筹码",以保持其基于全球价值链分工视野下的高端利益收益的控制权。另一方面,从控制最终产品的出口方面来看,发达国家(地区)通过更为严格的产品进口质量、安全、环保、进入壁垒,以及快速变化的产品升级换代要求,迫使与外资配套的本土企业持续动态地进行设备淘汰,向其引进更为先进的生产设备。通过这种外资利用与被利用的双向博弈,可以限制本土企业的装备制造业发展空间,使其失去外在经济的可能,从而不仅抑制其自主创新基础能力的发展空间,又可以迫使本土企业始终处于大规模固定资产动态更新投资时期,以至于本土企业所创造的利润又以购买发达国家高附加值生产设备的形式被"回收"。

这种动态淘汰和持续引进国外"先进"关键生产设备的行为,连同发达国家花样繁多的各种最终产品进口壁垒一起,是形成当今"苏州悖论"的根源。这里所谓的"苏州悖论"通常是指,苏州 GDP 增长的绝对量(增长规模)远大于国民可支配收入增长的绝对量(增长规模),苏州 GDP 增长相对量(增长速度)远大于人均可支配收入增长的相对量(增长速度)的不相协调的现象。"苏州悖论"的表现是其带有明显的二元经济结构(Lewis,1954)的烙印。根据相关统计数据,如果按户籍人口计算,2003 年苏州人均 GDP 达到 4.77 万元,上海为 4.66 万元,杭州为 3.27 万元,宁波为 3.22 万元,但在城市居民人均可支配收入方面,苏州只有 12361 元,而上海、杭州、宁波则分别为 14867 元、12898 元、14277 元。苏州人均 GDP 已经超过上海,但人均收入却比上海低很多;在长三角 15 个大中城市中,苏州 GDP 总量超过浙江任何一个城市,但论人均收入,浙江几个城市全部高于苏州。

苏州的外向型经济的实践表明，虽然外资实现了当地GDP创造的显著效应，却实际上并没有促进本土企业的自主创新能力、品牌建设能力，以及销售终端国际开发能力等相关价值链高端提升能力；相反还进一步促使了本土企业关键生产设备"引进依赖"和"拿来主义"陷阱的形成，造成本土企业无法通过利润积累来提升价值链的自主创新能力，打造和培育国际竞争力，同时也造成了本土企业对发达国家（地区）技术创新"引进依赖"和基础创新能力的缺失。本土企业的发展空间因外在不经济现象而受到双面的掣肘和挤压，由此产生了典型的"二元化"经济结构。

5.3 基于温州模式的企业发展环境分析

5.3.1 私营企业注册登记数量的影响因素分析

温州模式下的中小企业与苏州有一个显著的不同在于，温州企业以民间资本占有绝对的主导地位，外资在经济体系中的作用远不如内资。这就形成了另一个企业发展环境迥异的产业聚集模式。从1984年第一笔外资进入温州以来，20多年来温州实际利用外资仅为11亿美元。而2004年，宁波、杭州、嘉兴实际利用外资额分别为17亿美元、14.1亿美元和10.22亿美元，这3个城市一年的引资额就超过温州20年的总和。温州实际利用外资额与全社会固定资产总额的比值小于

10%，最高年份也不足 8%，这在浙江以及整个长江三角洲各地区中处于绝对低的位置。而与此相对应的是，温州以家庭工业、家族企业为主导的民营经济却异常繁荣。2003 年民营经济占全市生产总值的比重高达 79.9%，到 2004 年这一比重更是增长到 80.3%。民营中小企业以其灵活的机制优势在温州经济中居主导地位。

为了分析温州民营企业的发展环境，下面我们对温州市私营企业注册登记数量的影响因素进行实证分析。我们仍然采用泊松计数模型。所不同的是，为了简化分析，除政策优惠变动因素外，解释变量采用常规变量而不是属性变量。选择经济增长率（gr），货运总量增长率（tr），社会零售总额增长率（ma），进出口增长率（ex），通货膨胀率（in），企业融资成本指数（fc），城镇登记失业率（un），政策优惠变动（fl）作为当年注册企业数量的影响因子，对温州 1991～2015 年各年度注册企业数量进行回归分析，得到的一般方程为：

$$\ln(zcs) = \beta_0 + \beta_1 gr + \beta_2 tr + \beta_3 ma + \beta_4 ex + \beta_5 in + \beta_6 fc + \beta_7 un + \beta_8 fl + \varepsilon$$

估计结果如表 5-2 所示。

表 5-2　温州私营企业年度注册登记数量的影响因子及其参数估计值

方程	(1)	(2)	(3)	(4)
C	9.706 (33.02)***	10.321 (28.81)***	11.018 (91.05)***	12.3650 (74.20)***
gr	1.3522 (5.68)***	1.304 (5.273)***	2.391 (8.206)***	1.9559 (4.101)***
tr	—	—	—	-0.04138 (-0.1742)
ma	—	—	-0.815 (-2.071)**	-0.7802 (-2.738)
ex	0.1751 (5.012)**	0.168 (3.92)**	0.163 (3.6051)**	0.1531 (3.470)***
in	—	0.0022 (1.46)*	0.0007 (1.830)*	0.0023 (1.172)

续表

方程	(1)	(2)	(3)	(4)
fc	-0.089 (-8.52)**	-0.741 (-4.06)***	-0.093 (-4.68)***	-0.089 (-3.96)***
un	-0.064 (-0.235)	-0.043 (-0.801)	-0.097 (-1.94)*	-0.792 (-1.87)*
fl	0.153 (3.72)**	0.134 (3.086)**	0.157 (2.81)**	0.1474 (3.56)**
Adjusted-R^2	0.72	0.76	0.87	0.85

注：各方程之间是通过逐步增加变量的方法予以扩展的，括号内为参数估计的 t-统计量，其中，* 为10%显著性水平，**为5%显著性水平；***为1%显著性水平。

资料来源：浙江省各年度《浙江统计年鉴》（中国统计出版社）；温州市统计局网站 http：//www.wzstats.gov.cn/pageall.asp?id=6,《浙江五十年统计资料汇编》，中国统计出版社，2000年8月版。

一般情况下，由于泊松回归方程的标准误差是最大似然估计的标准误差，所以需要修正，即泊松回归的标准误差要乘以回归的标准差因子，才可用于计算 t-统计量，但经验表明，修不修正对实际检验的效果影响并不很大，为了简便，我们这里仍然近似使用软件系统给出的 t-统计量来衡量参数估计的显著性。

从表5-2中各方程的 Adjusted-R^2 在0.8附近可以看出，模型的估计效果是非常不错的，所不同的是各参数显著性上的差别。在方程（4）中，三个变量——经济增长率、市场发育程度指标和公路货运总量增长率指标三者两两相关性程度达到0.95以上，可见，从技术上来看，市场发育程度及交通状况的改善，对企业注册数量的影响不显著可能是多重共线性所致，从经济运行机制上来看，这说明市场发育程度、交通状况的改善在当前对企业的影响能力呈下降趋势，这一点跟苏州的情况是类似的。在方程（2）和方程（3）中，我们分别剔除了反映市场发育程度和交通运输状况的总指标，仅以经济增长变量代替之。由于模型中各变量的系数表示各自变量对因变量的效应,故从温州的情况来看,当前规模以上企业注册登记数量与融资成本因素和失业率因素显著呈负相关关系,即登记失业率越大,企业融资成本越高,则新增企业注册登记数量就越小;与经济增长因素、通货膨胀和政策优惠变量呈正相关关系,即宏观经济状况越好,适度的物价上涨以及政策优惠扶持力度加大的话,就越有利于民营企业的注册成立。这里失业因素没有成为温州民营企业成立的动力,反而成为一种拖累,这一事实见证了温州民资企业发展是由传统的内生因素决定的,失业状况可能只是经济发展的结果而非原因。另外,通过比较各方程的回归系数,我们发现,近年来温州的外贸出口量对企业的成立也是非常显著的,参数的影响力通过了5%的显著性水平,这说明外需因素近年来已经成为温州民营企业发展中的一支不可忽视的重要影响力量。

值得一提的是,尽管温州市地方政府的角色定位跟苏州市政府大不相同,但温州市政策优惠变动因子对温州民营企业注册数量的影响依然非常显著,这表明政府对市场的影响作用并不一定需要政府直接走向前台,通过招商引资来促进地方经济的发展,这同时也说明,温州市政府低调、实干,通过提供以保护民营私有产权服务为主、容忍相当程度的民间金融的存在等方式,打造公平有效的企业发展平台,这对促进企业的发展同样是至关重要的。由此也提出了一个非常重要的思路,即政府在发展地方经济的角色定位不应当是千篇一律、一成不变的,而是取决于市场的需要和市场的性质。换句话说,政府的功能应当与市场机制互补,而不是力图去代替市场,市场需要什么样的政府,政府就去扮演什么样的角色,只有这样才能促进企业发展环境建设的良性循环，实现政府和市场的"双赢"。

5.3.2 温州模式下企业规模报酬递减现象的形成机制：家族企业的封闭与耗散

如前所述，以民资为主发展而成的民营家族企业产业聚集是温州不同于苏州产业模式的典型之处。个体私人企业在温州的存在可谓由来已久，早在20世纪计划经济时期，温州得到的国家投资就很少，其发展也不被中央政府重视①。据陈吉元、韩俊（1993）所作的一项调查研究显示，从中华人民共和国成立后到1987年，国家对温州的投资不超过2亿元。因而，温州一直保持着十分传统的经商文化，个体意识形态的特征从未间断过，即便在社会主义改造时期，民营经济也以"不合法"的形式而顽强地存在着。现如今，市场经济的变革就更为彻底了，根据市场的需求，借助家族企业的精细化产业链的分工，温州模式已经产生了十分惊人的经济规模效益和专业化分工效益，小商品做出了大市场，小产品做成了大产业。小小的拉链在温州竟能"拉拉扯扯"25亿元来，小小的打火机居然能够占领到世界市场的70%～80%的份额②。在温州的民营企业中，不仅万余个体工商户和2000余户独资业主制私营企业完全属于家庭、家族企业，而且连2万余家股份合作企业以及2万余家公司制企业也大都保留着家庭、家族色彩。温州民营中小企业的家族管理模式一般是以个人产权或家族产权为主

---

① 温州的个体私营企业一直没有受到来自政府的行政干预和经济干预，其私营企业的基础从未中断过。即便在计划经济时期，国家从战略选址和加强内地工业化发展水平出发，浙江沿海地区由于处在战争前沿地带，因而所获国家投资很少，政府投资"挤出"私人投资的现象从未发生过。
② 张元智.西部地区县域经济的集群发展道路［J］.理论导刊，2003（5）.

体，以亲情友情为纽带，业主个人集所有者、经营者和管理者三位一体，有效地节约企业内部组织之间的交易费用，同时由于中小企业广泛聚集，企业之间信任度高、信息流畅，企业共享各类信息，也有效地节约了企业之间的交易费用（蒋伏心、周春平，2005）。可以说，在企业发展之初，家族经营模式对交易费用的节约起到了巨大的推动作用，它的权责统一、自主管理、运作灵活、简捷高效，其内部固有的凝聚力和向心力以及企业管理层之间的默契，对于企业的发展至关重要。但当企业发展到一定规模时，家族经营的弊端便逐渐暴露出来：企业决策过分依附于个人，加大了经营风险；家族封闭性文化抑制了公司的创新能力；企业财产与家族财产不分，造成内部财务制度的混乱；任人唯亲，难以引进优秀人才；产权制度封闭，难以向社会融资等，由此造成了企业人才匮乏、知识老化、权责不清、管理落后等问题，严重阻碍了家族企业的进一步发展。因此，某种程度上说，家族模式有利于创业，而不利于发展。在创业初期，企业依赖丰厚的社会资本使企业价值迅速集聚，然而，一旦管理方式囿于亲情友情的范畴，企业将会走向封闭，对业已形成的管理模式的依赖和心理顾虑很大程度上制约了企业向现代管理方式转变，使得家族型中小企业规模报酬递增、产业集聚力递增的力量迅速耗散。温州的家族型企业及由此构成的整个产业由初期的规模报酬递增到递减的转变，符合完全竞争厂商平均成本、边际成本曲线先下降后上升的规律。

形成规模报酬递增到递减的转变，深层次原因在于创新动力不足。其作用机制有外在因素，也有内在因素。先讨论外在因素，一方面，产权信用制度的不完善导致企业创新租金的耗散。例如，温州有一家玩具制造龙头企业，对研发设计投入了很多，但每种产品推出后只要3个月，整个市面马上就充斥了仿制品，而且价格更加低廉。所以，只有预计一种产品研发完成之后，其生产销售后实现回报的全流程能控制在3个月以内，企业尝试进行自主研发设计才是理性的，否则将伺机选择仿冒或维持现状。另一方面，国内市场的分割导致交易费用增加和市场资源的耗散。近年来，温州的很多企业不得不放弃原本不错的国内市场，而将产品销往国外，可同样由于创新动力不足，往往形成用"一流设备"只能生产出"二流产品"，在世界市场的过度竞争中，只能卖出"三流价格"的尴尬。温州企业放弃相当一部分国内市场的根由是，当一些产品销往浙江以外的省份时，尽管账面利润较高，但市场环境非常恶劣，货款拖欠乃至赖账现象比比皆是，如果诉诸法律跨地区诉讼，在地方保护主义作用下，交易成本实在太高。创新环境的日趋恶化，创新租金迅速耗散，使温州制造业企业难以做大做强，产业对社会资本的锁定功能必将大打折扣。

家族企业创新动力不足的内在因素是，企业产权的封闭性形成了以"空洞化"为特征的企业资源的耗散机制。具体表现为：①素以"船小好掉头"著称的家族企业在项目经营和区位选择上无疑具有天然的灵活性。这种灵活性在遭遇市场变故时，协同的难度和博弈的困境易于把个别企业或行业风险迅速上升为系统性风险，从而使温州中小企业产业受到"空洞化"的威胁。特别是当行业中的龙头企业或关键工序外迁时，传统产业链被锁定在某一张多米诺效应的骨牌上时，威胁力就更加巨大，使人难以对温州产业的坚固性和聚积力产生足够安全稳定的心理预期。②家族式企业以中小企业为主，数量众多、结构趋同、建设重复、创新不足是它们的典型特点,投资的盲目性和短期化,削弱了企业的竞争力。目前温州许多工业企业到外地发展,过早的多元化经营现象分散了企业发展的精力,这无疑将影响企业整体竞争力的提升。③家族型中小企业普遍具有市场机会主义心态,往往"什么来钱做什么""跟着感觉走",投机气氛浓厚,民间资本的积累无法与产业集聚形成稳定的关联。近年来出现的"温州炒房团""温州炒煤团"等国内大规模游资就是最好的见证。这些游资往往对投机风险估计不足,一旦遇到国家的行业整顿或宏观调控,就极有可能被深度套牢,形成对温州民间金融的致命打击。自2002年以来,温州主要经济指标上升力度明显没有其他先进城市强,固定资产投资、外贸出口等指标甚至低于全国平均水平,温州的先发优势正在减弱,产业"空洞化"危险不期而至,这正是由于企业资源的封闭与耗散机制造成的。

因此,当前的温州民营企业迫切需要一种管理方式的全面革新,建立起真正的现代企业制度。同时,政府应加强制度创新,切实担负起对知识产权的保护责任,进一步发挥地方政府在宏观上对民间资本的引导作用,以产业升级克服规模报酬递减机制,在创新中凝聚产业核心竞争力,最大限度地避免企业资源的耗散和产业"空洞化"的危险,进而促进区域经济的可持续发展。

5.4 结论与建议

苏州模式和温州模式的并存与发展为我国利用外资和发展民资提

供了两个不同的本土企业发展范式,借鉴和比较二者的经济发展环境的异同,对于正确利用和引导外资,积极促进和发展民资将具有十分重要的现实意义。通过上述分析,我们可以得出以下结论:

(1)中小企业产业集聚是资本集聚的结果,资本集聚离不开以诸如交通、通信基础设施、政策支持和市场发育程度等因素来衡量的经济增长硬环境的改善,同时也与该地区历史传统、人力资本环境等综合因素关系紧密。对苏州而言,其本土制造业的集聚是外资集聚的结果,对温州而言,其中小企业集聚是民间资本,当然也包括社会资本集聚的结果。通过培育和引导区域性的资本积累,对区域产业的升级和发展意义重大。然而,正像平均成本或边际成本曲线先下降后上升的规律一样,通过资本集聚发展地区产业的一个显著局限是,它在产业的后续发展中难以克服外在不经济或规模报酬递减规律的影响和制约。

(2)建立在资本集聚条件下的中小企业产业集聚能否实现产业的可持续发展,对不同禀赋的区域经济发展模式来说,取决于制度创新诱导下的科技创新和管理创新可能性。我们认为,制度创新短缺下的科技创新和管理创新的短缺将会以区域经济发展模式的异化形式表现出来,对苏州而言,这种异化表现为本土企业与外资企业发展的"二元化"倾向,对温州而言,表现为民资产业的"空心化"倾向。

(3)一般来说,创新克服外在不经济或规模报酬递减规律约束的具体表现是,地方政府的制度创新可以带来李嘉图租金或帕累托租金,企业的科技创新可以带来熊彼特租金,企业的管理创新则可以带来李嘉图租金。创新是区域经济可持续发展的基本动力,在国内外区域经济的激烈竞争中，只有产业的创新和升级，才是本土企业发展的根本出路，也才是中小企业保持旺盛生命力的源泉。

综上所述，"二元化"倾向的苏州模式下企业的发展归根结底是缺乏"根植性""融合性"环境造成的，温州模式下的"空心化"趋势的出现与企业技术和品牌建设及创新能力的短缺不无关系，鉴于两种发展模式下企业发展环境具有某种程度的互补性，因此，有学者提出，苏州和温州两种模式最终走向融合，并成为中国经济增长的第三条道路，将是非常值得探讨和尝试的新课题。

第6章 省域内中小企业发展环境比较的实证分析

——以苏州和徐州两城市为例

6.1 引言

中小企业大都有着劳动密集型就业优势的显著特点,党的十七大报告和新近出台的"十二五"规划中多次从"保民生、扩内需和促转型"的角度强调了加强自主创新和产业结构战略性调整的重要意义,明确了"十二五"乃至今后更长时期中政府工作的重心所在。我们知道企业的发展离不开其所依赖的环境,良好的环境对于企业的成长和发展、创新和转型来说,一切都是水到渠成的问题。然而,企业发展环境作为一个综合的概念是非常复杂的,它不仅牵涉到总量,也牵涉到结构问题;不仅牵涉到政府,也牵涉到居民问题;不仅牵涉到国内市场,也牵涉到国际环境;等等。所以对一个经济体中的企业发展环境作出评价需要建立一套严密科学的指标体系。从某种程度上说,对企业发展环境的考察,关键在于对环境的理解。

如前文所述,企业发展环境有外在和内在之分,但二者之间的区别并不是绝对的。一是因为企业内部及企业之间互为外部条件,企业聚集和规模报酬递增会增加单个企业的内部收益,而一定程度的集聚之后所导致的拥挤效应又会降低企业的外部收益;二是通过机会成本的影响,借助过去、现在和未来的资源配置效应,同一个企业内在和外在环境往往随着时间的变化而相互转换。但尽管如此,从国内外相关研究文献来看,现有研究对企业发展环境外在和内在的区别也还是比较严格的。Wernefelt(1984)认为,企业是异质性资源的集合体,企业内部环境资源对分析和解释企业的成功至关重要,Barney(1986)的实证分析结果表明,企业的内部环境和资源是企业实现产品差异化的主要动力来源。世界银行、国际管理发展机构、费雷泽机构传统基金会等国外发展环境评估机构,针对企业发展的外部环境从不同侧面开展了基于宏观方面的研究;国内侧重于企业外部环境分析测评的有,黄速建、王钦(2006)利用层次分析法对企业外部环境的测评,郝臣(2006)基于政策环境及其绩效的测评等。考虑到企业自身发展的存量基础从当期来看属于内部环境,随着时间的推移,内部环境自然也会逐步转化为外部环境,并且决定着企业的后续发展,形成企业自身可持续发展的环境问题。所以对中小企业发展环境的综合分析和评价就显得十分必要。

本章着眼于对中小企业及其发展环境的含义，中小企业发展环境评价指标体系进行全面考察，涉及的时间范围从20世纪90年代以后到"十二五"规划开局年份之前，空间范围以苏南苏北，具体来说是以苏南的苏州和苏北的徐州地区为案例，评价指标体系的建立力求反映新兴产业转型和老工业基地改造中的综合表现效果。

6.2 省域内中小企业发展环境评价指标体系的构建

从各地区产业集聚的历史演变来看，企业对一地区发展环境的依赖往往有着相当明显的行业特点，如美国的硅谷和128公路有微电子业集群、底特律有汽车业集群、芝加哥有皮革业集群、加利福尼亚有娱乐业集群等，中国的苏州有IT产业集群、徐州有采矿业和农产品板材加工产业群、温州有服装及日用小商品产业集群、广东佛山有陶瓷，潮州有食品加工与不锈钢器具、东莞有电子家具和服装业产业群等。可以说，这些明显带有行业特点的产业集群为特定企业提供了各不相同的适应性发展环境。这意味着某地区特定行业的企业对该地区发展环境的适应性，并不能说明该企业搬迁到同一地区不同行业，或者不同地区同一行业也具有相当一致的适应性。黄建康（2005）把这种企业对特定环境的适应性称作竞争优势刚性，把特定企业与产业环境之间相互强化且难以逆转的趋势称作产业集群刚性。可以说，正是此类刚性因素的广泛存在，企业特别是中小企业的发展环境在宏观和微观层面上的可比性就成了很大的问题。

我们知道,企业本质上是一种降低交易费用的技术(Coase,R.H.,1937),这种技术把各种生产要素通过一个长期稳定的契约取代一系列短期不稳定契约的方式结合起来。因此,在考虑企业发展环境时,可以把具体形态的企业或企业集群当成"黑箱"来处理,并将进入企业"黑箱"的各种要素分成两类:一类是可流动、可通过交易来获得的生产要素,由于这种生产要素具有竞争或不完全竞争的特点,根据国际贸易理论中要素报酬均等化原理,我们可以通过各地区人力资源禀赋,各地区金融服务环境及经济结构的特点来横向比较企业的发展环境问题。另一类是产业集聚过程中,其他区域所不可复制的生产要素,这类要素往往具有自然垄断的特点,且不大可能通过市场机制来完成其交易过程,如某地区特定的商业文化、传统观念对市场需求信息(商机)的捕捉灵敏度等,这些属于产生企业家性质的产业集群刚性要素,是产业区域异质化的根源所在,由于缺乏交易或者说市场定价的可能性,因此其报酬是难以评价和比较的,其所依赖的环境更是具有相当的独特性。尽管如此,我们注意到,一地区供给企业家要素的资源绝不是孤立存在的,通过与这些独特要素禀赋具有间接联系或活动成效的因素,如经济总量、经济效率、政策环境、金融杠杆的效率和技术创新环境等相互联系、相互制约的因素来间接评价,也能使企业环境具有充分的可测性。至此,企业发展环境的分析思路逐渐变得清晰起来。

如前所述,企业发展环境有宏观视角和微观视角,也有内部环境和外部环境之分。宏观视角和微观视角简单地说就是个总量和结构的问题，因此，企业发展环境指标体系的构建如果着眼于宏观视角，则可以选择包括经济总量方面、人口总量方面、政府法律政策方面（即公共产品供给方面）、金融服务方面、国际国内贸易与投资环境等方面的指标，如果着眼于微观视角，则可从包括产业结构方面、市场需求方面、人力资源禀赋方面、企业技术创新、交通基础设施等方面入手。当然，这里的总量和结构的划分通常并不是绝对的，而是基于一系列综合因素的考虑，二者的关系是相互渗透的，结构决定总量，总量也反过来影响和制约结构的变化，形成一种所谓的"路径依赖"和产业刚性的效果。

对于一个复杂的产业系统而言，企业内部环境和外部环境的评价，需要在代表性指标的比较上作区别对待。例如同样是作为政策变量的外部环境，拿企业融资成本指标来说，我国苏北徐州地区作为煤矿采掘老工业基地在国家产业政策的扶持下，虽然享有诸多的补贴和优惠，名义融资成本低下，但实际融资成本依然高居不下，其原因正是显性政策变量的背后，这些地区有着很高的隐性交易费用的缘故（林汉川，2003）。从这个角度来讲，本书选择江苏省的苏南苏北地区政策环境相同、交通状况相近（因而运输成本较低）的两个有代表性的地区苏州和徐州加以分析，就具有相当的可比性。

另外，企业内部环境的评价需要结合时间因素动态地加以考察，针对同一指标同一地区不同时间的变化趋势，结合经济周期波动的因素可以分析发展环境的变异程度和稳定程度。基于中小企业发展环境的上述总量和结构、内部和外部环境视角，并结合数据的可得性，我们构造了一个包含经济环境、政治环境①、金融服务环境，人力资源禀赋环境、技术创新环境和贸易与投资环境六大类中小企业发展环境②评价指标体系，如表 6－1 所示。

表 6－1　企业发展环境评价指标体系的设计

	环境因素	一级指标	二级指标
我国中小企业发展环境评价指标体系	经济环境	经济总量	经济增长率
			人均国民收入
			人口规模
		经济结构	产业与就业结构协调系数
			大型企业总产值占比
		市场需求	居民收入增长
			国民收入分配
		环境污染	污染排放强度
	政治环境	政府行为	企业税收负担
			公共财政支出比例
		产业政策	产业结构高级化程度
			单位 GDP 能耗比
		企业权益的保护	知识产权保护强度
		环境规制力度	污染治理投入

① 本书所设立的政治环境因素，是一种从狭义上理解的概念，主要考虑到江苏作为政府推动型经济发展的典型，目前已经形成了政府与市场各要素相互强化、功能互补的显著特点。当然，政治因素并不仅限于这里选取的几个指标，而更多地受到政治清明与否、政府诚信状况、行政效率高低等因素的影响，本书出于两地区比较分析的需要，凡未列入考察的其他政治因素，都默认为同一省份的两个城市——徐州与苏州的其他因素的影响变量是给定的，影响力是无差异的。

② 按常理来说，苏南地区历来就有较为发达的商业文化传统，其农业、纺织业、家庭手工业、贸易与金融服务业的传统可谓源远流长，因此有学者建议应当另设文化环境因素，但是，笔者考虑到一地区家庭作坊或学徒雇佣式的制造业及其相关经营模式，虽具有不可忽视的影响力，但随着技术进步和现代化程度的提高，这种文化传统显然已经逐渐消解到现代经济系统之中了，同时由于传统商业文化环境分析存在量化考察的困难，故而我们认为文化资源或文化氛围的因素乃是一种综合因素，是寓于这里所构建的六大类环境评价体系之中的，甚至可以直接体现在产业集聚指数、市场容量和城市竞争力等综合指标上来，因此我们不另行设立文化环境分析指标。

续表

环境因素	一级指标	二级指标
金融服务环境	金融总量指标	人均居民储蓄额
		人均财政支出
		商业银行不良贷款比例
	金融结构指标	金融业民营化率
		股票融资比例
	金融效率指标	投资乘数
人力资源禀赋环境	人力资源总体概况	人力资源占比
	人力资源结构概况	大学毕业生比例
		第二、第三产业从业人数比例
技术创新环境	技术创新水平	科技成果转化率
		高新技术产品进口比值
	技术创新潜力	研发（R&D）经费投入
		专利申请年增长率
国际国内贸易与投资环境	国际投资	人均实际利用外资额
	外贸依存度	外贸依存度1
		外贸依存度2
	产业集聚	产业集聚指数
	城市竞争力	主成分因子得分

（表格第一列合并为"我国中小企业发展环境评价指标体系"）

资料来源：根据评价的目标和系统性要求，由笔者参考相关文献设计而成。

6.3 苏州与徐州两城市中小企业发展环境评价指标的计量

围绕发展环境评价的目标和两地区的可比性方面，结合数据的可得性来选择和测算各指标的数值。指标的类型分为两种：一种是简单指标，即对表6-1中设计的指标给出具体计算公式，然后结合相关数据求得计量结果。另一种是复合指标，也就是把若干简单指标综合成一个相对指标，借以反映地区经济变量之间的某些特性，如用协调系数反映经济增长与收入增长的协调性，用基尼系数反映收入分配公平性或产业空间分布的均衡性，用聚集指数反映产业集聚的程度，用主成分因子得分来反映城市竞争力等。事实上，一些简单指标也能够在一定程度上体现变量之间的相互关系，例如作为产业内部发展环境的总体概念的衡量，宏观经济增长率、人均国民收入和非自愿失业率，反映了宏观变量经济增长与就业增长的协调性，假如我们把各地区的登记失业率作为非自愿失业率来看待，一般来说，如果非自愿失业率较低而经济增长率又较高的话，就说明经济发展与就业增长具有一致性。只是这种简单关系的分析不具有精确性，因而不便于进行地区间的比较，相比之下，复合指标就能弥补这方面的不足。

关于产业结构与收入结构协调系数的计算。我们采用替代性指标产业结构与就业结构协调系数来加以考察。这是因为由于收入分配包含初次分配和二次分配两个方面，一般来说，初次分配结构与产业结构的协调性可以用便于操作的就业结构与产业结构的协调性来代替，二次分配因其与政府税收、社会保障等转移支付政策有关，且与行业的相关性不强，同时二次分配对分行业的数据目前尚不完备，故我们只考虑初次分配与产业结构的协调性。在一个竞争较为充分的市场结构中，收入分配总是与就业量成正比，为便于操作，我们借鉴理论界普遍采用的相似系数原理来计算协调系数（王庆丰，2009），并通过就业结构与产业结构协调系数的计算，作为收入结构与产业结构的替代性指标，以便衡量产业结构的协调性程度。

协调系数的计算根据以下公式：

$$H_{SE} = \frac{\sum_{i=1}^{n}(S_i E_i)}{\sqrt{\sum_{i=1}^{n} S_i^2 \cdot \sum_{j=1}^{n} E_j^2}}$$

其中，H_{SE}是产业结构与就业结构协调系数，旨在描述产业结构与就业结构的协调发展或均衡程度，并作为产业与收入分配协调程度的参考性指标。一般 $0 \leq H_{SE} \leq 1$，其中，S为第i产业的产业结构，E_i为第i产业的就业结构，为了简便，产业的划分按照标准的三次产业进行。H_{SE}越接近0，表示该地区产业结构与就业结构协调性越差，因而收入分配结构就越不协调；反之则相反。

关于产业集聚指数，本书选择了目前较为前沿的EG指数作为有效的衡量标尺（杨洪焦等，2009）。EG指数的计算分为两步：第一步，计算Hoover区位商和空间基尼系数。Hoover区位商计算公式为：

$$LQ_{ij} = \frac{\dfrac{output_{ij}}{output_i}}{\dfrac{output_j}{output}}$$

其中，LQ_{ij}为区域j在产业i上的区位商，$output_{ij}$表示产业i在区域j的产值，$output_i$表示整个区域如江苏省范围内产业i的产值，$output_j$表示整个区域j所有行业的总产值，output表示整个区域的全部行业的总产值。如果区位商LQ_{ij}大于1，则说明行业i在区域j的集中程度较高；反之则相反。

计算空间基尼系数时，首先要对各区位商进行降序排列，然后计算行业i的区域产值累进百分比和所有行业在这个区域的产值累计百分比，在坐标系上形成一条洛伦兹曲线，利用该洛伦兹曲线所得到的关于区域集中程度的指标，Krugman 称为空间基尼系数（G）。

第二步，计算修正的 Herfindahl 指数和 EG 指数①。也就是利用 Ellison 和 Glaeser 对 Hoover 区位商和空间基尼系数的优化指标来计算产业聚集指数 EG。EG 指数有一个最大的优点是，作为反映产业集聚程度的指标可以进行跨区域、跨行业和跨时间段的横向和纵向比较。

$$EG_i = \frac{G'_i - (1 - \sum_{j=1}^{n} x_i^2) H_i}{(1 - \sum_{j=1}^{n} x_i^2)(1 - H_i)}$$

其中，$G'_i = \sum_{j=1}^{n}(x_j - s_{ij})^2$，$H_i = \sum_{k=1}^{N} z_k^2$。式中，i、j、k 分别表示产业 i、区域 j 和企业 k，x_j 为区域 j 全部行业总产值占整个区域全部行业总产值的比例，s_{ij} 为产业 i 在区域 j 的产值占该产业整个区域产值的比重，z_k 为企业 k 的产值占产业 i 总产值的比例，G 为空间基尼系数，H_i 为产业 i 经过调整以后的 Herfindahl 指数。调整后的 Herfindahl 指数的计算方法是：

$$H_i = \sum_{j=1}^{r} n_{ij} \left(\frac{output_{ij}}{n_{ij} \cdot output_i}\right)^2 = \sum_{j=1}^{r} \frac{1}{n_{ij}} \left(\frac{output_{ij}}{output_i}\right)^2 = \sum_{j=1}^{r} \frac{1}{n_{ij}} s_{ij}^2$$

其中，n_{ij} 为区域 j 拥有的产业 i 的企业数量，$output_{ij}$ 为产业 i 在区域 j 的总产值，$output_i$ 为产业 i 在整个区域的总产值，$s_{ij} = \frac{output_{ij}}{output_i}$。

---

① 关于空间基尼系数和 EG 指数的计算，本书采用 Matlab 7.0 软件，并借用有关算法语言来实现的，编程部分内容参见何浪雄，李国平. 产业集群演进机理与区域发展研究 [M]. 北京：中国经济出版社，2009.

表6-2 各评价指标计算结果

二级指标	计算公式	徐州 1995年	徐州 2000年	徐州 2005年	徐州 2010年	徐州 2015年	苏州 1995年	苏州 2000年	苏州 2005年	苏州 2010年	苏州 2015年
经济增长率	GDP增长率（%）	16.4	10.0	14.3	15.3	9.5	14.8	12.6	15.3	16.0	7.5
人均国民收入	GDP/人口总数（万元）	0.48	0.70	1.37	1.92	6.15	1.58	2.67	6.68	8.4	13.63
人口规模	年末人口总数（百万人）	8.57	8.97	9.25	9.41	10.3	5.73	5.78	6.07	6.24	10.61
产业与就业结构协调系数	相似系数	0.78	0.80	0.83	0.79	0.80	0.76	0.75	0.70	0.71	0.86
大型企业总产值占比	国有（外资）企业总产值占工业总产值比重（%）	67.54	50.68	41.40	23.14	31.05	16.3	20.35	35.87	38.11	40.37
居民收入增长	城镇居民家庭人均可支配收入增长率（%）	28.69	9.97	13.67	15.88	21.35	18.2	10.4	11.1	13.4	25.6
国民收入分配	基尼系数	0.36	0.34	0.39	0.42	0.41	0.33	0.40	0.43	0.44	0.4
污染排放强度	"三废"污染物排放综合因子得分	0.036	0.627	1.093	1.021	0.79	-0.044	0.398	0.681	0.746	0.502
企业税收负担	财政收入中来自与企业有关的税收所占比重（%）	80.10	76.31	79.73	63.94	50.92	84.81	80.43	75.34	74.34	70.08
基础设施建设支出比例	公共基础设施建设支出/财政总支出（%）	8.7	9.8	16.5	17.4	26.14	16.7	14.3	13.1	11.0	21.03
产业结构高级化程度	第三产业占GDP比重（%）	29.4	34.8	35.3	36.0	46.24	30.93	37.62	31.20	32.66	49.5
单位GDP能耗比	城市能源消耗总量（吨标准煤）/城市国内生产总值（万元）	1.26	1.12	1.14	1.20	1.28	1.02	1.07	0.98	0.94	0.89
知识产权保护强度	三种专利申请批准量与科技开发人员比例（%）	1.03	1.01	2.16	3.33	4.17	1.06	0.21	1.73	5.78	6.41

续表

二级指标	计算公式	徐州 1995年	徐州 2000年	徐州 2005年	徐州 2010年	徐州 2015年	苏州 1995年	苏州 2000年	苏州 2005年	苏州 2010年	苏州 2015年
污染保护投入	环保支出占财政支出比重（%）	0.60	0.94	1.32	1.57	2.01	0.81	1.01	1.82	1.63	2.5
人均居民储蓄额	人均城市居民储蓄额（万元）	0.17	0.34	0.70	0.83	0.81	0.52	1.39	3.39	4.15	15.08
人均财政支出	人均城市预算内财政支出（万元）	0.0212	0.0385	0.1136	0.1567	0.7314	0.0432	0.1382	0.6749	0.9779	1.32
商业银行不良贷款比例	四大国有商业银行不良贷款比例（%）	6.7	5.6	6.2	9.9	7.02	3.3	4.8	2.1	1.8	1.13
金融业民营化率	非国有银行的信贷资产占银行信贷资产的比例（%）	5.04	10.62	14.85	17.16	20.65	10.43	15.27	30.62	35.46	33.24
股票融资比例	股票筹资额占股票筹资额与银行新增信贷资产之和的比例（%）	5.6	8.7	9.3	9.8	10.2	7.1	14.4	24.3	28.1	32.7
投资乘数	1/（1−MPC）	2.05	1.48	1.54	1.63	1.8	2.53	2.76	2.03	2.14	2.80
人力资源占比	人力资源占总人口比例（%）	49.98	46.59	48.87	50.72	49.37	56.63	54.29	64.83	77.42	79.36
大学毕业生比例	大专以上毕业生占当年新增从业人口数比重（%）	31.30	40.04	58.13	61.43	70.31	45.30	60.81	70.78	72.41	81.05
第二、第三产业从业人数占比	第二、第三产业从业人数占总从业人数比例（%）	43.1	43.6	59.7	64.3	68.7	80.0	79.0	89.0	93.0	95
科技成果转化率	最后转化为商品的科技成果与所有孵化成果的比例（%）	4.7	3.8	10.1	13.0	15.3	15	26.3	40.9	38.8	37.6
高新技术产品进口比重	高新技术产品进口额与进口总额的比值（%）	36.84	40.24	49.62	52.77	61.41	47.60	30.06	37.54	37.71	45.32
研发（R&D）经费投入	研发（R&D）经费投入增长率（%）	13.70	15.04	18.30	21.16	26.4	25.60	27.41	30.04	34.43	52.03

续表

二级指标	计算公式	徐州					苏州				
		1995 年	2000 年	2005 年	2010 年	2015 年	1995 年	2000 年	2005 年	2010 年	2015 年
专利申请年增长率	三种专利申请受理量年增长率（%）	18.64	22.48	62.73	82.17	79.05	22.65	-9	19.12	88.61	79.2
人均实际利用外资额	实际利用外资额/人口总数（美元）	12.26	23.19	28.16	47.07	49.87	406.08	499.54	848.33	1000.28	1503.41
外贸依存度1	外贸进出口总额/GDP（%）	0.61	0.54	0.93	1.49	1.81	5.08	13.03	34.92	42.30	50.14
外贸依存度2	外贸出口额/进出口总额（%）	59.62	56.89	66.79	66.39	64.05	50.85	52.22	51.77	54.08	61.4
产业集聚指数	EG 系数	0.0327	0.0447	0.0534	0.0571	0.0773	0.0684	0.0731	0.0893	0.0911	0.1544
主成分因子得分	代表第二级指标主成分因子得分	-0.217	-0.224	0.093	-0.113	0.106	1.088	1.107	1.185	1.239	1.30

注：①本表中一些总量和结构方面的二级指标，选取的原则是数据的可得性和地区间的可比性。由于一些更为直接的指标，如人力资源总量与结构状况在徐州作为人才和劳动力的流入地，苏州作为人才和劳动力的流出地，难有现实性和可比性，故而我们选择两地的统计数据，而另一些经济指标即使有，如苏州外资专利技术的使用、专利申请的情况等，但它与徐州的情况相比按企业规模分行业有区别的统计数据具有共性可比性的指标置乏性，这样易于得出大的结论。②对于大型企业的计算，由于目前按所有制形式的统计指标数据作为替代性指标，我们采用苏州以外资企业作为大型企业，在徐州以国有企业作为大型企业来考虑本土企业的统计数据占当年 GDP 的比重，即在苏州以外资企业和本土企业在总产值中所占的比重，作出这种变通形式的处理，显然符合我国改革开放以来"抓大放小"和引进外资激活本土企业发展战略的基本事实。③关于固定资产投资乘数投资丰裕度（投资乘数的倒数）的计算，最理想的指标量是当年的资本使用流量，由于目前我国各地区统计核算条件的限制，我们只能用资本存量代替资本投入，并采用永续盘存法对实际资本的存入的存量（取全社会固定资产投资额），8 是折旧率（可取 0 值）。④在高新技术产品进口额占进口额指标作为高新技术产品的替代指标，计算资本品进口商品总额的比例。

资料来源：根据各年度《江苏统计年鉴》《中国统计出版社）；江苏省统计局网站 http://www.jssb.gov.cn/jstj/index.htm, 苏州市统计局网站 http://www.sztjj.gov.cn/Info.asp？ParentID=64；徐州市统计年鉴》《苏州统计年鉴》http://www.jstj.xz.gov.cn/tj/tj.asp？a=2 计算整理。

其中 K (t-1) 是第 t 期的期末资本存量，I (t) 是 t 期投资当量，K (t) = I (t) + (1-δ) K (t-1)

关于城市竞争力指标。一般来说，城市竞争力指标体系包含综合经济实力、资金实力、开放程度、人才及科技水平、政府管理水平、城市公共基础设施建设情况六个方面。对于相关指标的选择，实际上我们并不需要添设新的变量，而只需要把发展环境评价指标体系中部分指标的含义，从竞争力的角度来加以理解就可以了。例如，企业税收负担指标，其数值增大，既可以指企业的税收负担的加重，又可以指地方政府管理水平的提高。投资乘数指标，既可以用来衡量固定资产投资效率，其倒数值又可以用来指代一地区的资金实力，人力资源环境既可以当作科技水平的象征，也可以指代未来科技创新潜力等。我们依据郝寿义、安虎森（2005）阐述的关于城市竞争力的六个方面指标，其中综合经济实力包含经济增长率、人均国民收入、居民收入增长和产业结构高级化程度几个方面；资金实力包括人均居民储蓄额和资金丰裕度（投资乘数的倒数）；开放程度包括外贸口岸出口额占GDP比重和人均实际利用外资额；人才及科技水平包括科技成果转化率、高新技术产品进口比值、非企业研发经费比重、专利申请年增长率、人力资源占比、大学毕业生比例；政府管理水平包括企业税收负担、单位GDP能耗比、知识产权保护强度和经济法制化程度；基础设施建设情况包括人均财政支出和公共财政支出比例等。

我们首先把这些具有不同量纲的指标进行标准化；其次作因子分析，将得到的主成分载荷因子用各自对应的特征值作为权重，并计算因子得分；最后得到城市竞争力指标。

6.4 计算结果分析

从经济增长角度来看，20世纪90年代中期以来，两地区一直延续着强劲的高增长态势，1995年，徐州达到16.4%的增长速度，显著高于苏州，但这种高增长从人均水平看，却又显著低于苏州的数值。说明二者经济发展的基础条件存在显著差别。从分类型企业总产值所占比重来看，苏北徐州的这种经济增长总量和速度的取得显然是大企业推动的结果，中小企业对经济增长的贡献成分并不大，显著低于苏州中小企业对于经济增长的贡献。一个可能的解释是，徐州的大中小型企业的关系同苏州的大中小型企业的关系相比，二者的性质是不同的，前者表现为替代性，后者表现为一定程度的互补性。事实上，从历史沿革来看，改革开放以来，我国民营中小企业的发展正是以计划经济为特点的国有企业改革的结果，或者说是打破国有经济完全垄断的结果，"抓大放小"式的企业改革策略意味着大型、中小型企业在源头上来讲具有先天的同质性，所以二者的替代关系显然是不利于徐州中小企业的发展，而苏州的情况大体上正完全相反。在一轮接一轮的招商引资和利用外资的外向型经济的发展战略中，首先引入的正是符合比较优势的一些新型外资企业和大型企业，这些企业的进入改变了苏州原有的产业生态，壮大了地区市场容量，同时作为外资企业的配套需求而存在，中小企业随即变成经济增长的重要动力引擎和市场活力的源泉。

近年来，苏州外向型经济的发展与加工贸易的突飞猛进不无关系，劳动力成本优势、上海港航运优势、本地技术创新优势等各种优势相互集聚，壮大了苏州的市场容量和城市竞争力，这一点可以从苏州的创新发展潜力，人力资本禀赋环境和技术创新环境中的各项指标显著领先于苏北徐州的对应数值的证据中得到印证。

按照资源禀赋理论，一地区生产供给那些密集使用该地区相对丰裕要素的产品会具有比较优势。然而，一地区的要素禀赋和资源状况对地区经济的发展，既意味着优势（比较优势）所在，也意味着成本（沉没成本）所在，由此也形成了各地区经济的不同发展路径。换句话说，资源的丰裕所带来的先发优势可能往往也意味着后发劣势之所在。这就牵涉到地区经济的转型问题。从污染排放因子来看，虽然两地区都存在相对集中的环境污染和环境破坏问题，但从环保投入、经济成效等各项指标的综合表现来看，徐州经济发展的粗放程度显然要高于苏州，由此形成两地区合意供给（有效供给）与非合意供给（生产的负外部性）的巨大差异，使得两地区中小企业在发展潜力上存在显著不同。徐州作为传统农业和我国煤炭能源生产基地，经济发展对自然环境的透支显然比苏州更加严重，因此其经济发展质量也不会太高，我们可以看到，2000年以后，徐州的单位GDP能耗呈略微上升趋势，而苏州则呈下降趋势。能耗指标可以作为地区经济可持续发展指标来看待，能耗指标大，说明经济发展对自然环境具有不经济性，也意味着企业发展的自然环境的恶化，尤其对于中小企业影响更大，由于其规模小，以研发投入、专利开发、技术创新的消化吸收等能力为代表的经济基础薄弱,因此在市场化的供需矛盾中,形成有效供给的能力也相对薄弱,这也是形成两地区中小企业发展环境差异的原因所在。

从需求方面考察两地区中小企业发展环境的差异。一般来说,需求分为外需和内需两部分,外需因素上,苏州与徐州相比具有不可比拟的主动性和超前性,这一点从两个外贸依存度指标可以看出来,2010年,苏州的外贸进出口额占GDP达42.30%,而徐州只有1.49%;2015年,苏州的外贸进出口额占GDP达50.14%,而徐州只有不到2%,这说明如果要考虑外需因素的话,那么二者实际上是不可比的。这种不可比性还从地方政府财政收入、地区对外开放程度,以及产业聚集指数等多个方面体现出来。但是,有鉴于外需因素对中小企业发展的影响,归根结底是通过大企业的存在对中小企业的配套(引致)需求来发挥作用的,这一点前文已经阐述。此处只分析居民消费需求差异对中小企业发展环境的影响。

众所周知,居民消费需求水平取决于收入的总量和结构因素,我们把总量指标分为人均指标和速度指标,并把结构指标分成两个方面:一是反映收入分配均衡程度的指标,用基尼系数来衡量;二是反映城乡分割程度,也就是城市化水平的指标,用产业结构高级化程度、人力资源占比、大学毕业生比例,以及城市竞争力指标来衡量,分别考察这些因素对消费需求的影响。在表6-2中,从总量水平来看,尽管两地区人均GDP一直呈现上升态势,但无论从速度上看,还是从存量上看,徐州都不如苏州。例如,徐州2010年人均GDP只有1.92万元,苏州只为8.4万元,可以说在绝对量和相对量上的消费需求差异是十分显著的。另外，从人均可支配收入的增长速度来看，徐州 1995 年为最大，达到 28.69%，到 2010 年保持在 15.8% 左右，而苏州 1995 年为 18.2%，2010 年为 13.4%，表面看来，徐州的情况要好于苏州，类似的判断也可以从产业结构协调系数的表现中看出。实际上，这种判断是有失偏颇的。因为从城市化水平看，徐州地区远低于苏州，以人力资源占比，大学毕业生比例，第二、第三产业占总从业人口数的比例，以及产业结构高级化程度等诸多指标来看，徐州显然不及苏州，这就意味着城镇居民人均可支配收入水平的快速增长，并不能改变徐州以农业人口和农业产业为主导，以及城乡分割相对严重的基本事实。因此，我们不难发现，收入分配和收入增长的差异性乃是形成徐州不同于苏州的消费需求差异的重要原因。这也是需求层面上形成对中小企业发展环境差异的重要方面。

从两地区中小企业技术创新环境来看，相关指标的表现如科技成果转换率、高新技术产品进口比重、研发（R&D）经费投入和专利申请年增长率等方面，徐州对应的数值都显著低于苏州，由于我们无法从现有的数据中分离出属于中小企业的技术创新强度，而现实中的技术创新投入事实上大多是由大企业或相对独立的研究机构承担的，故而现有的技术创新水平的提高对中小企业发展环境的影响只属于外部性影响和间接性影响。考虑到我国技术创新的存量水平和效率水平同发达国家的显著差异性，不难得出这样的结论，即创新水平和创新潜力的不同所导致的两地区有效供给的差异性是形成中小企业发展环境改善迟滞的主要原因。

这一结论的得出对纠正人们一以贯之的融资难问题成为中小企业

第6章 省域内中小企业发展环境比较的实证分析

发展"瓶颈"的认识无疑是有帮助的。长期以来,人们习惯上把中小企业发展环境乃至创业环境的恶化,主要归结为中小企业的融资难问题,以为资金链的断裂是中小企业发展或创业环境恶化的主要原因。但是从表6-2中我们可以看到,从居民储蓄和金融业民营化率、资金实力等指标来看,徐州的数值虽然不及苏州,但对于中小企业的发展总体来说,还不至于匮乏到形成根本动摇或制约中小企业融资需求基础的程度。也就是说,尽管现实当中也确实存在中小企业融资难问题,但现有数据如资金的充裕度(即投资乘数的倒数)表明,融资环境的改善和融资需求的满足原则上只是操作层面、技术层面上的问题,包括股权融资、民间借贷合法化和中小金融机构的大力发展在内的金融业民营化比率的上升,是可以缓解,甚至是根本解决中小企业融资难问题的。因此,我们有理由认为,把中小企业创业难和发展环境恶化最根本的问题归结为创新难和创新动力不足的问题,比单纯地归结融资难的"瓶颈"问题更有说服力,也就是说,创新机制的不健全和创新租金的匮乏以致无法形成企业的有效供给,进而导致中小企业资金流的不足,是表现为中小企业融资难问题最深层次的根本原因之所在。

类似的分析结论也可以从以公共基础设施建设"硬"环境的改善中得到印证。近年来,随着包括江苏省在内的我国建设性财政支出力度的加大,以"铁公基"(铁路、公路、通信等基础设施)为龙头基础设施状况有了很大的改善,从表6-2中我们可以看到,徐州和苏州两地区基础设施建设支出比例,徐州的投入呈上升态势,而苏州的投入呈下降态势,但二者的平均水平非常接近,这说明当前中小企业发展所遇到的问题并没有随这些"硬"环境的改善而得到有效解决,而是一些更为深层次的发展环境如城市竞争力和地区市场容量等因素的差异所致。尽管两地区经济发展都是由地方政府强力主导，但一个不容忽视的事实是，政府作为一个非生产性的经济或行政组织，其行为必然受到地区经济发展水平的制约，2010年苏州的人均GDP是徐州的4.8倍，财政收入是徐州的7.8倍，这种差距到2015年呈现出逐渐拉大的趋势。换句话说，市场与政府的互动效应使寓于其中的中小企业的发展环境必然受到地方经济和财力的双重约束，因而其巨大的差异性便不难体现。

6.5 结论与建议

苏南的苏州和苏北的徐州作为江苏省两个有代表性的经济区域，前者表现为新兴产业转型模式，后者以老工业基地的改造形式而存在，对二者的企业发展环境进行比较和分析显然具有典型的标杆意义。

（1）形成一地区产业集聚的因素主要取决于市场规模、资源禀赋、要素结构和运输成本等，新经济地理学的研究结果表明，南北经济区域一般是非对称非均衡发展的，随着运输成本的降低，产品、技术、资本和劳动要素的自由流动，产业的转移将不可避免，而产业转移的本身就可能意味着一种相辅相成的"中心—外围"结构的出现，即一地区企业发展环境的改善和另一地区发展环境的恶化同时出现，这就是说，外围区苏北经济发展的滞后可能形成中心区苏南经济发展

第6章 省域内中小企业发展环境比较的实证分析

相对超前的代价，因此，如何促进两地区经济的均衡协调发展，无疑是摆在经济理论界和各级地方政府面前的一大难题。

（2）企业发展环境的外部影响因素包括需求和供给，以及约束需求和供给的制度因素三个方面。需求方面包括收入增长和收入分配的状况，供给方面包括来自管理创新和技术创新方面。制度创新层面包括产权保护、法制环境、公共品支出和金融服务创新等。徐州作为在册人口多，经济总量小，人均收入低，有效需求结构和供给结构都相对落后的地区，苏南作为流动人口多，市场规模相对较大的地区，两地市场规模受制于产业刚性的因素比较显著，作为自然资源、煤炭、木材、农产品粗加工为主的产业区徐州市，和作为以劳动力成本优势、由外资主导的电子工业、化工纺织等轻工产业集聚地的苏州市，二者的共同点是，本土产业链的短促性是由于创新能力不足造成的，因此江苏作为中国的文化大省，通过把科研优势转化为创新优势，从而最大限度地延展本土产业链，促进企业间的横向联合和纵深发展，形成并保持独具特色的优势产业，将是今后很长一段时间里中小企业发展环境改善与优化的重点所在。

（3）考虑大企业的存在对中小企业发展环境的外部性影响，如果将苏北徐州老工业基地的国有企业作为大企业来看待，苏南苏州的外资企业也同样作为大企业来看待的话，那么前者对于当地民营企业同后者对于当地本土中小企业的溢出效应相比，无论从中小企业对当地经济发展的贡献、市场容量、产业集聚效应等方面来看，国有经济、民营经济和外向型经济的效率都是呈递增序列的形式出现的。苏南苏北的这一现实状况印证了我国"改革开放"和经济市场化根本意义之所在，即通过"抓大放小""有所为有所不为"限制国有企业，激活民营企业，并体现"改革"的意图，通过引进外资企业激活本土企业的发展，以达到"开放"的目的，因此"改革开放"理论作为我国体制转轨和经济转型的伟大智慧，其方向的正确性和决策的科学性是不言而喻的，这必然也是今后我们需要坚定不移走下去的基本政治路线。

（4）由于产业集群刚性因素的存在，使得不同产业模式的企业发展环境具有不可复制性，同一模式不同时期发展环境的改善与产业升级具有一致性，故而一地区企业发展环境的优化需要从纵向和横向两个方面来考察，纵向因素包含该地区各类生产要素内生决定的产业结构升级的因素，考察的主要指标为三次产业所占的比重的变化和产业高级化程度等。横向因素包含产业结构、收入分配结构、就业结构等经济结构的协调性方面，考察的主要指标是诸因素间的协调系数。从我们的测算结果来看，徐州的产业结构协调性明显落后于苏州，因此作为国家煤炭能源供给的老工业基地，苏州经济相对成功的转型将成为未来徐州产业转型的一个样板。

当然，两地区经济的转型和产业的升级对中小企业发展环境的影响可能不只会有有利的一面，还可能产生不利的一面，有利的一面表现在：产业政策环境的宽松、金融服务的加强、税费负担的减免，以及转移支付和补贴政策的实行，环境污染的治理等方面；不利的一面表现在：非合意供给的调整，低碳经济的实行短期内可能恶化中小企业的生存，同时，由于中小企业一般并不是作为技术创新的主体而存在的，因此，在产业发展转型中，中小企业往往对大型企业或政府行为具有天然的依赖性，依赖大型企业的技术外溢和配套需求，以及政策引导和公共服务,这说明中小企业发展环境问题本身可能并不是一个独立的问题,而是与整个经济环境、企业环境的改善紧密相连,也就是说,环境的改善必将是一个关乎科学发展和持续发展的系统性工程,如果只关注中小企业发展本身,而忽视大型、中小企业的关系,以及市场的统一性和整体性,必然是有失偏颇的。

第7章 结论与展望

7.1 主要研究结论

本书着眼在空间视角与新古典视角的差异上,对中小企业发展环境进行考察,具体地说,以空间经济学的相关理论为基础,围绕中小企业发展环境的理论架构、评价方法,与大企业的关系等方面,进行了全方位的理论梳理和分析论证,得出如下结论:

第一,由于传统的新古典经济学,对垄断竞争和规模报酬递增现象缺乏统一连贯的分析脉络,故它对于中小企业发展环境的解释与空间经济学的解释力不可同日而语。空间经济学回答了基于不同行业,产品呈差异化或不完全替代关系的大中小型企业的博弈问题,即企业之间"抱团"生存,规模报酬递增和形成产业集聚现象。由于企业之间互为外部环境，所以企业集聚为单个企业提供适宜的发展环境，以此促使了企业家流动、知识溢出等空间经济现象的发生。

空间视角的中小企业发展环境视产业集聚或企业迁移为运输成本，抑或贸易自由度存在的结果，并在此基础上形成产业区内部的循环累积因果关系。

第二，在同行业的大企业与中小企业的博弈中，基于产量系列的Stackelberg博弈，大企业的存在会改善中小企业的发展环境，以及提高中小企业的利润水平。而基于领导占优型的价格序列的博弈，大企业的存在一般会恶化中小企业发展的外部环境，导致中小企业在产品交易数量（市场容量）和价格的双方面萎缩。

第三，从省域间中小企业发展环境的比较分析来看，浙江的温州模式下的中小企业发展环境主要受规模报酬递减规律的约束而出现"空心化"趋势，且"空心化"的成因是家族企业封闭与耗散作用下的创新动力不足所致。江苏苏州模式下的本土中小企业，主要受外在不经济规律的影响而出现"二元化"倾向，且"二元化"的成因是中小企业"两头在外"的外资企业的掣肘与挤压所致。

第四，从省域内的苏州与徐州的中小企业发展环境比较分析来看，资源禀赋包括大企业的存在等方面的不同是形成两地有效供给的差异性的原因所在，而收入差距的拉大所形成的需求，特别是消费需求及引致需求的不同是形成两地区中小企业需求方面差异的主要因素。

7.2 主要创新点

作为对中小企业发展环境比较的专题研究项目，本书可能的创新之处在于：

首先，突破了新古典规模报酬不变，产业呈均匀分布，缺失地理空间概念的完全竞争的分析框架，沿用空间经济学的相关理论、分析工具和分析方法，从理论层面和实证层面上，对中小企业发展环境做出具有可比性的系统分析。把大企业的存在与中小企业的存在方式和形态结构进行比较，回答了同行业（即产品相近以替代关系为主）大企业的存在对中小企业发展环境的积极影响与消极影响问题。

本书在空间理论层面上同时也对不同行业的产品呈差异化，以及产业集聚对中小企业的溢出效应存在的原因进行了分析。

其次，本书结合江苏浙江两省三地，从省域间和省域内，从空间视角而不是新古典视角，对中小企业发展环境问题进行比较研究和分析解读，得出的结论也许众所周知，但沿袭的逻辑和因果关系的梳理存在可圈可点之处，例如从核心边缘模型（包括由其衍生的自由企业家模型、局部溢出模型等）得出结论，随着运输成本的提高或贸易自由度的降低，企业或工人流动到核心区之后，尽管企业的发展环境在"变好"，社会总的福利水平也在提高，但对边缘区或要素流出区域来说，如果政府的转移支付或政策补偿跟不上的话，那么随着边缘区产业的弱化，将会随企业发展环境改善相伴而生形成其他社会福利的锐减,这是值得引起注意的,苏北徐州的发展现实就昭示着类似的问题。

最后,新古典经济学的微观经济分析认为,政府是作为弥补市场失灵的角色而存在的。事实上,空间经济学并不排斥这一结论,因为在其严密的公理化体系的建模中,人们看不到政府角色的存在。这等于给空间视角的中小企业发展环境建设提供了相当的政策含义,即作为弥补市场失灵的政府,需要通过稳定的制度,如法规政策、产业政策、公共财政中的收入和支出政策(特别是转移支付政策)等为社会提供教育、医疗和住房保障以及知识产权保护,促进社会公平正义事业的发展,同时,为确保市场机制的有效发挥,政府应尽可能多地反对垄断,和尽可能少地进行对微观经济的直接和过度的行政干预。这里包含两层含义:一层是在中小企业发展环境的问题上,政府与其为了给它提供特别的政策支持,不如给中小企业营造适合竞争生存的发展环境。另一层是中小企业基于政府的希望常常不应当是"要政策",而应当是"要环境",要可持续、可预期的稳定发展的制度环境。这种空间经济学与新古典经济学关于制度分析的相通之处,是本书分析的要义之一。

7.3 有待拓展的研究

如前所述,中小企业发展环境所包含的内容十分丰富,无论从企业整体出发影响企业的新生与消亡的每一具体环节,还是单个企业或是单个行业如何可持续发展和成长转型,都可以看成是中小企业发环境的研究对象。因此，在这个更为广泛的意义上，如何系统化地、动态一贯地追踪研究中小企业发展环境问题就变得十分复杂和重要了。这是有待研究的方向之一。

另外，从中小企业发展环境评价角度来看，一地区产业的测量往往倾向于用属地原则的指标来衡量，而依据生产要素（包括工人、企业家、资本家等）的属"人"标准的指标，则常常被有意无意地忽略，例如，当产业从 A 地转移到 B 地，区域 A 的属地标准的各项指标，如 GDP、产业集中度、区位商等，必定相对弱化，而 A 地的属人标准的指标实际上则未必呈现下降的趋势，例如，产品的核心专利、企业的核心控制权等，常常隶属于属地 A 而不是属地 B，于是在发展环境指标的设计或评价时，如何综合考虑客观存在的属人原则的指标衡量问题，也是今后需要进一步研究的方向。

一个现实的例子，在国内我们似乎不能忽视温州"炒房团"和"炒煤团"等现象的存在，其产业资本和金融资本相互转化的速度之快、容量之大往往令人惊讶，很显然，这些内容在温州当地以属地 GDP 为代表的诸多指标是难以测度的。也就是说，用属地标准的指标测度温州中小企业发展所取得的成就时，往往存在低估的可能，而同样的例子对苏州正好相反，采用属地标准指标衡量苏州经济所取得的成就时，却存在高估的可能。"两头在外"的苏州本土企业缺乏核心竞争力和产品定价权，从而制约本土中小企业的转型和升级就是明证。所以说，缺乏属人原则的相关指标来衡量一个地区中小企业发展环境成就或不足，弥补这一实证分析的空白之处，显然也是今后有待拓展研究的另一方向所在。

附录　中小企业划型标准规定

中小企业划型标准规定

为贯彻落实《中华人民共和国中小企业促进法》和《国务院关于进一步促进中小企业发展的若干意见》，工业和信息化部、国家统计局、国家发展和改革委员会、财政部于 2011 年 6 月 18 日印发了中小企业划型标准规定，自发布之日起执行。

一、根据《中华人民共和国中小企业促进法》和《国务院关于进一步促进中小企业发展的若干意见》（国发〔2009〕36 号），制定本规定。

二、中小企业划分为中型、小型、微型三种类型，具体标准根据企业从业人员、营业收入、资产总额等指标，结合行业特点制定。

三、本规定适用的行业包括：农、林、牧、渔业，工业（包括采矿业，制造业，电力、热力、燃气及水生产和供应业），建筑业，批发业，零售业，交通运输业（不含铁路运输业），仓储业，邮政业，住宿业，餐饮业，信息传输业（包括电信、互联网和相关服务），软件和信息技术服务业，房地产开发经营，物业管理，租赁和商务服务业，其他未列明行业（包括科学研究和技术服务业，水利、环境和公共设施管理业，居民服务、修理和其他服务业，社会工作，文化、体育和娱乐业等）。

四、各行业划型标准为：

（一）农、林、牧、渔业。营业收入20000万元以下的为中小微型企业。其中，营业收入500万元及以上的为中型企业，营业收入50万元及以上的为小型企业，营业收入50万元以下的为微型企业。

（二）工业。从业人员1000人以下或营业收入40000万元以下的为中小微型企业。其中，从业人员300人及以上，且营业收入2000万元及以上的为中型企业；从业人员20人及以上，且营业收入300万元及以上的为小型企业；从业人员20人以下或营业收入300万元以下的为微型企业。

（三）建筑业。营业收入80000万元以下或资产总额80000万元以下的为中小微型企业。其中，营业收入6000万元及以上，且资产总额5000万元及以上的为中型企业；营业收入300万元及以上，且资产总额300万元及以上的为小型企业；营业收入300万元以下或资产总额300万元以下的为微型企业。

（四）批发业。从业人员200人以下或营业收入40000万元以下的为中小微型企业。其中，从业人员20人及以上，且营业收入5000万元及以上的为中型企业；从业人员5人及以上，且营业收入1000万元及以上的为小型企业；从业人员5人以下或营业收入1000万元以下的为微型企业。

（五）零售业。从业人员300人以下或营业收入20000万元以下的为中小微型企业。其中，从业人员50人及以上，且营业收入500万元及以上的为中型企业；从业人员10人及以上，且营业收入100万元及以上的为小型企业；从业人员10人以下或营业收入100万元以下的为微型企业。

（六）交通运输业。从业人员1000人以下或营业收入30000万元以下的为中小微型企业。其中，从业人员300人及以上，且营业收入3000万元及以上的为中型企业；从业人员20人及以上，且营业收入200万元及以上的为小型企业；从业人员20人以下或营业收入200万元以下的为微型企业。

（七）仓储业。从业人员200人以下或营业收入30000万元以下的为中小微型企业。其中，从业人员100人及以上，且营业收入1000万元及以上的为中型企业；从业人员20人及以上，且营业收入100万元及以上的为小型企业；从业人员20人以下或营业收入100万元以下的为微型企业。

（八）邮政业。从业人员1000人以下或营业收入30000万元以下的为中小微型企业。其中，从业人员300人及以上，且营业收入2000万元及以上的为中型企业；从业人员20人及以上，且营业收入100万元及以上的为小型企业；从业人员20人以下或营业收入100万元以下的为微型企业。

（九）住宿业。从业人员300人以下或营业收入10000万元以下的为中小微型企业。其中，从业人员100人及以上，且营业收入2000万元及以上的为中型企业；从业人员10人及以上，且营业收入100万元及以上的为小型企业；从业人员10人以下或营业收入100万元以下的为微型企业。

（十）餐饮业。从业人员300人以下或营业收入10000万元以下的为中小微型企业。其中，从业人员100人及以上，且营业收入2000万元及以上的为中型企业；从业人员10人及以上，且营业收入100万元及以上的为小型企业；从业人员10人以下或营业收入100万元以下的为微型企业。

（十一）信息传输业。从业人员2000人以下或营业收入100000万元以下的为中小微型企业。其中，从业人员100人及以上，且营业收入1000万元及以上的为中型企业；从业人员10人及以上，且营业收入100万元及以上的为小型企业；从业人员10人以下或营业收入100万元以下的为微型企业。

（十二）软件和信息技术服务业。从业人员300人以下或营业收入10000万元以下的为中小微型企业。其中，从业人员100人及以上，且营业收入1000万元及以上的为中型企业；从业人员10人及以上，且营业收入50万元及以上的为小型企业；从业人员10人以下或营业收入50万元以下的为微型企业。

（十三）房地产开发经营。营业收入200000万元以下或资产总额10000万元以下的为中小微型企业。其中，营业收入1000万元及以上，且资产总额 5000 万元及以上的为中型企业；营业收入 100 万元及以上，且资产总额 2000 万元及以上的为小型企业；营业收入 100 万元以下或资产总额 2000 万元以下的为微型企业。

（十四）物业管理。从业人员 1000 人以下或营业收入 5000 万元以下的为中小微型企业。其中，从业人员 300 人及以上，且营业收入 1000 万元及以上的为中型企业；从业人员 100 人及以上，且营业收入 500 万元及以上的为小型企业；从业人员 100 人以下或营业收入 500 万元以下的为微型企业。

（十五）租赁和商务服务业。从业人员 300 人以下或资产总额 120000 万元以下的为中小微型企业。其中，从业人员 100 人及以上，且资产总额 8000 万元及以上的为中型企业；从业人员 10 人及以上，且资产总额 100 万元及以上的为小型企业；从业人员 10 人以下或资产总额 100 万元以下的为微型企业。

（十六）其他未列明行业。从业人员 300 人以下的为中小微型企业。其中，从业人员 100 人及以上的为中型企业；从业人员 10 人及以上的为小型企业；从业人员 10 人以下的为微型企业。

五、企业类型的划分以统计部门的统计数据为依据。

六、本规定适用于在中华人民共和国境内依法设立的各类所有制和各种组织形式的企业。个体工商户和本规定以外的行业，参照本规定进行划型。

七、本规定的中型企业标准上限即为大型企业标准的下限，国家统计部门据此制定大中小微型企业的统计分类。国务院有关部门据此进行相关数据分析，不得制定与本规定不一致的企业划型标准。

八、本规定由工业和信息化部、国家统计局会同有关部门根据《国民经济行业分类》修订情况和企业发展变化情况适时修订。

九、本规定由工业和信息化部、国家统计局会同有关部门负责解释。

十、本规定自发布之日起执行，原国家经贸委、原国家计委、财政部和国家统计局2003年颁布的《中小企业标准暂行规定》同时废止。

工业和信息化部国家统计局

国家发展和改革委员会财政部

二〇一一年六月十八日

参考文献

[1] Amar V. Bhide. The Origin and Evolution of New Bussiness. Oxfod University Press, 2000.

[2] Audretsch, D. B., Small Firms and Efficiency, in Zoltan J. Acs, ed., Are Small Firms Important? Their Role and Impact, Kluwer Academic Publishers, 1999: 21-38.

[3] Becker, G.. Human Capital (3rd Edition) [M]. Chicago & London: The University of Chicago Press, 1993.

[4] Bhide A.. The Origin and Evolution of New Bussiness [M]. Oxford University Press, 2000.

[5] Casson, M. The Entrepreneur: An Economic Theory [M]. Totowa, NJ: Barnes & Nobel Boos, 1982.

[6] Coase, R. H. The Nature of the Firm Economica [J]. New Series, 1937, 4 (16): 386-405.

[7] Dixit, A. K. and Stiglitz, J. E. Monopolistic Competition and

Optimum Product Diversity [J]. American Economic Review, 1977 (67): 297 – 308.

[8] Englmann, F. C. and Walz, U. Induarial Centres and Regional Growth in the Presence of Local Inputs [J]. Journal of Regional Science, 1995 (35): 3 – 27.

[9] Fan, C. and Scott, A. J. Industrial agglomeration and development: A survey of spatial economic issues in East Asia and statistical analysis of Chinese regions [J]. Economic Geography, 2003, 79 (3).

[10] Forslid, R. Agglomeration with human and physical capital: an analytically solvable case, Discussion Paper No. 2102, Center for Economic Policy Research, 1999.

[11] Fujita M., Krugman P., Venables J. The Spatial Economy: Cities, Regions and International Trade [M]. Cambridge, Mass: MIT Press, 1999.

[12] Fujita M. Urban Economic Theory: Land Use and City Size [M]. Cambridge, New York: Cambridge University Press, 1990.

[13] Fujita, M. A Monopolistic Competition Model of Spatial Agglomeration: Differentiated Product Approach [J]. Regional Science and Urban Economics, 1988 (18): 87 – 124.

[14] Fujita, M. Spatial Economics, Volume I and Volume II, the international Library of Critical Writings in Economics, Edward Elgar Publishing, Inc., UK, 2005.

[15] Fujita, M., and J. – F. Thisse. Globalization and the evolution

of the supply chain: who gains and who loses? [C]. Kyo to Institute of Economic Research, Kyoto University, Discussion Paper No. 571, 2003.

[16] Fujita, M., and T. Mori. Structural stability and evolution of urban systems [J]. Regional Science and Urban Economics, 1997 (27): 399 – 442.

[17] Fujita, M. and Krugman. P. The New Economic Geography. Past, Present and the Future [J]. Papers in Regional Science, 2004 (83): 139 – 164.

[18] Gersbach, H. and Schmutzler, A. External Spilovers. lntemal Spillovers and the Geography of Production and Hnovation [J]. Regional Science and Urban Economics, 1999 (99): 679 – 696.

[19] Grossman, G. and Helpman, E., Innovation and Growth in the Global Economy [M]. Cambridge, Mass: MIT Press, 1991.

[20] G. Barba Navaretti & A. J. Venables, Multinational Firms in the World Economy [M]. Princeton, Princeton University Press, 2004.

[21] Helpman, E. and Krugman, P. Market Structure and Foreign Trade [M]. MIT Press, 1985.

[22] Henderson, J. Vernon. Urbanization and Economic Development [J]. Annals of Economics and Finance, 2003 (4): 275 – 341.

[23] Henderson, J. Vernon. Urbanization, Economic Geography and Growth [M]. North Holland: prepared for Handbook of Economic Growth, 2004: 175 – 224.

[24] Henderson. J, V. Shalizi. Z. Venables. A. J. Geography and De-

velopment [J] . Journal of Economic Geography, 2001 (1) .

[25] Henry Goverman, Stephen Redding, and Anthony J. Venables. The Economic Geography of Trade, Production and Income: A Survey of Empirics [R] . NBER, Working Paper, 2001.

[26] Hills, G. E., Lumpkin, G. T., & Singh, R.. Opportunity Recognition: Perceptions and Behaviors of Entrepreneurs [J] . Frontiers of Entrepreneurship Research, 1997 (17): 168 – 182.

[27] Holmes, Thomas J.. How Industries Migrate When Agglomeration Economies Are Important [J] . Journal of Urban Economics, 1999 (45): 240 – 263.

[28] Krugman P. What's new about the New Economic Geography [J] . Oxford Review of Economic Policy, 1998 (2): 7 – 17.

[29] Krugman, P. First nature, second nature, and metropolitan location [J] . Journal of Regional Science, 1993 (33): 129 – 144.

[30] Krugman, P. Geography and Trade [M] . Cambridge, Mass: MIT Press, 1991.

[31] Krugman, P. Development, Geography, and Economic Theory [M] . MA: MIT Press, 1995.

[32] Krugman, P. Increasing Returns and Economic Geography [J] . Journal of Political Economy, 1991 (99): 483 – 499.

[33] Lewis, Arthur. A Model of Dualistic Economics [J] . American Economic Review, 1954 (36): 46 – 51.

[34] Linda F. YNg and Chyau Tuan, Location Decisions of Manufac-

turing FDI in China: Implications of China's WTO Accession [J]. Journal of Asian Economics, 2003, (14): 15 - 72.

[35] Lucas, Robert E., Jr. On the Mechanics of Economic Development [J]. Journal of Monetary Economics, 1988 (7): 3 - 42.

[36] Lucas, R. E. Jr. On the Mechanics of Economic Development [J]. Journal of Monetary Economics, 1988, (49): 783 - 792.

[37] Marjolein, C. J. C. and Henny, A. R. Agglomeration Advantages and Capability Building in Industrial Clusters, the Missing Link [J]. The Journal of Development Studies, 2003, 39 (3): 129 - 154.

[38] Martin R. Economic theory and human geography [A]. In: Greogry D, Martin R, Smith G (eds.), Human Geography: Society, Space, and Social Science. Minneapolis [C]. University of Minnesota Press, 1994, 21 - 53.

[39] Martin, P. and C. A. Rogers. Industrial Location and public infrastructure [J]. Journal of International Economics, 1995, 39: 335 - 351.

[40] Martin, P. and Ottaviano, G. I. P. Growth and Agglomeration [J]. International Economic Review, 2001, 42 (4): 947 - 968.

[41] Matsushima, N. and Matsumura. T. Mixed Oligopoly and Spatial Agglomeration [J]. Canadian Journal of Economics, 2003, 36 (1): 62 - 87.

[42] McCann, P. & Shefer, D. Location, agglomeration and infrastructure [J]. Regional Science, 2004 (83): 177 - 196.

[43] Morris M H. Entrepreneurial intensity: sustainable advantages for individual, organizations, and societies [M]. Quorum Books, 1998: 17 - 45.

[44] Ottaviano, G. I. P. Monopolistic competition, trade, endogenous spatial fluctuations [J]. Regional Science & Urban Economics, 2001, 31: 51 - 77.

[45] Patrick Firkin, Entrepreneurial Capital: A Resource - based Conceptualization of the Entrepreneurial Process, http://Imd. massey. ac. nz/documents/Working Paper No7. pdf, 2001.

[46] Richardson GB: The Organization of Industry [J]. Economic Journal, 82, 1972.

[47] Romer, Paul M. Increasing Returns and Long Run Growth [J]. Journal of Political Economy, 1986 (10): 1002 - 1037.

[48] Samuelson, Paul. Probability, utility, and the independence axiom [J]. Economtrica, 1952, 20: 4.

[49] Stigler G. J. The theory of economic regulation [J]. Bell Journal of Economics, 1971, 33 (2): 3 - 21.

[50] Thomas Brenner and Siegfried Greif. The Dependence of Innovativeness on the Local Firm Population—An Empirical Study of German [R]. Patents Economics & Evolution #0306, Max Planck Institute, 2003.

[51] Venables, A. J. and N. Limao. Geographical Disadvantage [A]. Heckscher - Ohlin - Von Thunen Model of International Specialisation [C]. World Bank Policy Research Paper, No. 2256, 1999.

[52] Venables, A. J. Equilibrium Locations of Verticaly linked Industries [J]. International Economic Review, 1996 (37): 341 – 359.

[53] Walz, U. Transport Cost, Intermediate Goods, and Localized Growth [J]. Regional Science and Urban Economics, 1996 (26): 671 – 695.

[54] [美] 埃弗雷特·M. 罗杰斯著. 创新的扩散 [M]. 辛欣译. 北京：中央编译出版社，2002.

[55] 安虎森，朱妍. 产业集群理论及其进展 [J]. 南开经济研究，2003 (3).

[56] 安虎森. 区域经济学通论 [M]. 北京：经济科学出版社，2004.

[57] 安虎森. 新经济地理学原理 [M]. 北京：经济科学出版社，2009.

[58] 安礼伟，李锋，赵曙东. 长三角 5 城市商务成本比较研究 [J]. 管理世界，2004 (8).

[59] 布雷克曼，盖瑞森，马勒惠客. 地理经济学 [M]. 成都：西南财经大学出版社，2004.

[60] 布雷克曼·弗兰克尔，阿萨夫·雷兹恩，阮志华. 世界宏观经济学：全球一体化下的财政政策与经济增长 [M]. 北京：经济科学出版社，2005.

[61] 曹骥赟. 自由企业家模型与我国区域开发——基于空间经济学的视角 [J]. 经济管理，2006 (19).

[62] 陈吉元，韩俊. 中国农村工业化道路 [M]. 北京：中国社

会科学出版社，1993.

［63］陈剑锋，唐振鹏．国外产业集群研究综述［J］．外国经济与管理，2002（8）．

［64］陈剑锋．基于知识的产业集群能力研究［J］．财经研究．2003（2）．

［65］陈甬军，徐强．产业集聚的稳定性与演变机制研究［J］．东南学术，2003（12）．

［66］成德宁．城市化与经济发展——理论、模式与政策［M］．北京：科学出版社，2004.

［67］仇保兴．中小企业撑起好大一片天——解读"集群与创业"［J］．中国名牌，2001（12）．

［68］崔到陵，蒋伏心．我国中小企业发展环境比较分析——以苏州和温州模式为例［J］．南京社会科学，2009（9）．

［69］崔到陵．从茅于轼两个命题"对"与"不对"说开去［N］．经济学消息报，2009.

［70］崔到陵．外国直接投资"污染避难所假说"的实证经验——以江苏省为例［J］．审计与经济研究，2009（6）．

［71］戴维·罗默．高级宏观经济学［M］．上海：上海财经大学出版社，2003.

［72］邓翔．经济趋同理论与中国地区经济差距的实证研究［M］．成都：西南财经大学出版社，2003.

［73］范剑勇．产业集聚与地区差距：来自中国的证据［J］．中国社会科学评论，2004（1）。

[74] 冯邦彦, 王鹤. 企业集群生成机理模型初探——兼论珠江三角洲地区企业集群的形成 [J]. 生产力研究, 2004 (6).

[75] 符平. 社会资本和个体经营者的创业与发展 [J]. 社会, 2003 (2).

[76] 符正平. 论企业集群的产生条件与形成机制 [J]. 中国工业经济, 2002 (10).

[77] 高全胜. 我国的区域间资本流动及其结构性变迁 [J]. 统计与信息论坛, 2004.

[78] 郭金龙, 王宏伟. 中国区域间资本流动与区域经济差距研究 [J]. 管理世界, 2003 (7).

[79] 郭守亭. 民间资本对区域经济发展的作用分析——基于对"温州模式"与"苏州模式"的比较 [J]. 农业经济问题, 2008 (8).

[80] 郝臣. 中小企业成长：政策环境与绩效——来自中国23个省市309家中小企业的经验数据 [J]. 上海经济研究, 2006 (11).

[81] 何浪雄, 李国平. 产业集群演进机理与区域发展研究 [M]. 北京：中国经济出版社, 2009.

[82] 何伟. 新经济地理学研究文献综述 [J]. 经济学动态, 2004 (7).

[83] 何雄浪. 国外产业集群理论：一个文献综述 [J]. 工业技术经济, 2006 (2).

[84] 何雄浪. 新经济地理学产业集群理论述评 [J]. 贵州社会科学, 2006 (2).

[85] 胡永平,张宗益,祝接金. 基于储蓄—投资关系的中国区域间资本流动分析[J]. 中国软科学,2004（5）.

[86] 黄建康. 产业集群论[M]. 南京：东南大学出版社,2005.

[87] 黄速建,王钦. 中国企业发展环境的测评——基于AHP方法合成的指数[J]. 经济管理（新管理）,2006（2）.

[88] 蒋伏心,周春平. 交易费用视角的政府行为——以温州模式为例[J]. 中国工业经济,2005（6）.

[89] 李林. 产业结构与中国省际城市化进程差异分析[J]. 管理现代化,2007（3）.

[90] 李小建. 经济地理学近期研究的一个新方向分析[J]. 经济地理,2002（2）.

[91] 李新春. 企业集群化成长的资源能力获取与创造[J]. 学术研究,2002（3）.

[92] 李新春. 企业家协调与企业集群——对珠江三角洲专业镇企业集群化成长的分析[J]. 南开管理评论,2002（3）.

[93] 李新春. 专业镇与企业创新网络[J]. 广东社会科学,2000（6）.

[94] 李永刚. 小企业群落式裂变衍生的机理模型分析,第三届中国经济学年会入选论文,http://www.cenet.org.cn/cn/ReadNews.asp?NewsID=14185.

[95] 李子奈,叶阿忠. 高等计量经济学[M]. 北京：清华大学出版社,2009.

[96] 梁琦,刘厚俊. 空间经济学的渊源与发展[J]. 江苏社会

科学，2002（6）．

［97］林汉川．中小企业发展机制研究［M］．北京：商务印书馆，2003．

［98］刘安国，杨开忠．新经济地理学理论与模型评介［J］．经济学动态，2001（12）．

［99］刘安国，杨开忠，谢燮．新经济地理学与传统经济地理学之比较研究［J］．地球科学进展，2005（10）．

［100］刘乃全．产业聚集理论及其发展［J］．上海财经大学学报，2002（2）．

［101］刘忠明，魏立群，Lowell Busenitz．企业家创业认知的理论模型及实证分析［J］．经济界，2003（6）．

［102］鲁明泓．外国直接投资区域分布与中国投资环境评估［J］．经济研究，1997（12）．

［103］鲁明泓．制度因素与国际直接投资区位分布：一项实证研究［J］．经济研究，1999（7）．

［104］吕金记．渐进转轨中的区域经济发展模式研究——"温州模式"继承与提高的路径选择［J］．中国农村观察，2003（2）．

［105］罗伯特·巴罗，哈维尔·萨拉伊马丁．经济增长［M］．北京：中国社会科学出版社，2000．

［106］马刚．产业集群演进机制和竞争优势研究述评［J］．科学学研究，2005（2）．

［107］马可一，王重鸣．中国创业背景中的信任［J］．南开管理评论，2004（3）．

[108] 毛凯军，田敏，许庆瑞．基于复杂系统理论的企业集群进化动力研究［J］．科研管理，2004（4）．

[109] 苗长虹，樊杰，张文忠．西方经济地理学区域研究的新视角［J］．经济地理，2002（6）．

[110] 墨累·罗，杨·麦克·米伦．创业：过去的研究和未来的挑战经［J］．张健摘译．经济资料译丛，2003（2）．

[111] 皮建才．企业理论的进展：交易成本与自生能力的视角［J］．经济社会体制比较，2005（2）．

[112] 平新乔．微观经济学十八讲［M］．北京：北京大学出版社，2011.

[113] 谯薇．美国中小企业集群研究评介［J］．大连理工大学学报（社会科学版），2002（9）．

[114] 斯蒂格勒．产业组织和政府管制［M］．上海：上海三联出版社，1989.

[115] 藤田昌久，雅克-弗朗科斯·蒂斯（2002）．聚集经济学［M］．刘峰，张雁，陈海威译．成都：西南财经大学出版社，2004.

[116] 藤田昌久等．空间经济学［M］．梁琦译．北京：中国人民大学出版社，2005.

[117] 王步芳．世界各大主流经济学派产业集群理论综述［J］．外国经济与管理，2004（1）．

[118] 王辑慈．创新的空间——企业集群与区域发展［M］．北京：北京大学出版社，2001.

[119] 王庆丰．我国产业结构与就业结构整体协调性测度研究

[J]. 科技管理研究, 2009 (11).

[120] 王淑莉. 新经济地理与区域经济学研究述评——以区域为例 [J]. 广西社会科学, 2006 (6).

[121] 魏后凯等. 中国外商直接投资区位决策与公共政策 [M]. 北京: 商务印书馆, 2002.

[122] 魏江, 陈志辉, 张波. 企业集群中企业家精神的外部经济性考察 [J]. 科研管理, 2004 (2).

[123] 魏守华. 产业群的动态研究以及实证分析 [J]. 世界地理研究, 2002 (3).

[124] 亚当·斯密. 国民财富的性质和原因的研究 [M]. 郭大力, 王亚南译. 北京: 商务印书馆, 1979.

[125] 杨洪焦, 孙林岩, 梁冬寒. 我国高新技术产业聚集度的变动趋势及区位因素分析——以电子及通讯设备制造业为例 [J]. 科学学研究, 2009 (9).

[126] 杨静文. 企业集群发育形成过程中的创业机制分析 [J]. 经济与管理, 2004 (5).

[127] 杨俊, 张玉利. 基于企业家资源禀赋的创业行为过程分析 [J]. 外国经济与管理, 2004, 26 (2).

[128] 于树江, 李艳双. 产业集群区位选择形成机制分析 [J]. 中国软科学, 2004 (4).

[129] 袁恩桢. 温州模式与富裕之路 [M]. 上海: 上海社会科学出版社, 1987.

[130] 张杰, 刘志彪. 郑江淮出口战略、代工行为与本土企业创

新——来自江苏地区制造业企业的经验证据［J］．经济理论与经济管理，2008（1）．

［131］张文忠．新经济地理学的研究视角探析［J］．地理科学进展，2003（1）．

［132］张玉利，薛红志，杨俊．企业家创业行为的理性分析［J］．经济与管理研究，2003（5）．

［133］张玉利，杨俊．企业家创业行为调查［J］．经济理论与经济管理，2003（9）．

［134］张玉利．企业家型企业的创业与快速成长［M］．天津：南开大学出版社，2003．

［135］张元智．西部地区县域经济的集群发展道路［J］．理论导刊，2003（5）．

［136］赵江明，刘金红．企业家与产业集群的发展——创业、创新与社会资本［J］．乡镇经济，2004（6）．

［137］赵伟．中国区域经济开放：模式与趋势［M］．北京：经济科学出版社，2005．

［138］赵岩，赵留彦．投资—储蓄相关性与资本地区间流动能力检验［J］．经济科学，2005．

［139］郑长德．空间经济学与中国区域经济发展［M］．北京：光明日报出版社，2009．

［140］郑长德．论企业家的空间配置与区域经济发展——基于自由企业家模型的探讨［J］．西南民族大学学报（人文社会科学版），2010（10）．

［141］朱华晟．浙江产业群——产业网络、成长轨迹与发展动力［M］．杭州：浙江大学出版社，2003．

［142］朱嘉红，邬爱其．基于焦点企业成长的集群演进机理与模仿失败［J］．外国经济与管理，2004（2）．

［143］邹昭晞．企业战略分析［M］．北京：首都经济贸易大学出版社，2008．

后　记

　　本书是在我的博士论文基础上加工而成的。感慨一下，发现这人活到中年，书念到博士，大概有时所犯的认识和观念上的错误，实际上并不比一个小学生之错更高明。女儿一年级的时候，让她起床读书，她喊道："爸爸，这穿衣服我还不会扣扣子呢！"——博士期间，同上小学的孩子一样，一旦遇到不会的事情，自己的第一念头不是想方设法去解决问题，而是巴望着师长作全权代理。代理的结果是，孩子一次次错误的认识诱导了师长们一次次错过实施正确教育的机会。很显然，这里包含着一个对"教与学"关系的重新定位问题。教与学既有替代关系，又有互补关系，假如用教来替代学会"越教越离不开教"，教得再累，对学也于事无补，用教来补充学，"教是为了不教"，教得轻松，学得也愉快。可见，替代性之教，往往好心办坏事，互补性之教，却能收获四两拨千斤的效果，实现教与学的"双赢"，结果是教学相长，互有所得，皆大欢喜。

　　由此我认识到，这"学问"里面实际上包含着很深的学问。爱因斯坦说，一切教育归根结底是自我教育。相应地，我们可以说，一切学问归根结底是"自问"，即自问自答。做学问特别要习惯自问自答，去自觉追求一种自问自答的文本效果。如果什么问题都不假思索地问别人，一股脑儿地推脱给别人，别人肯定会吃不消。

在南京师范大学读了3年的博士，忽而有了这种悟性，因此收获的就是这种教与学的互补性收益。自己不懂不会的，最初跟我女儿巴望着我一样，我也本能地巴望着导师的指教，正像女儿诱导我作替代性帮忙一样，我也巴望着导师施加替代性援助，诱导着导师实施"越位"的教育，然而导师往往"不上这个当"。后来我忽然明白，一个好的导师不仅应该是一个好的说者，在课堂上娓娓道来，同时更应该是一个好的"听者"，在课堂下循循善诱，给足弟子说话的机会，你说他听，不时地问问，不时地评论，这样竟然会出现神奇的效果，一席话下来，我们似乎若有所获，抓到研究的角度和线索了，写下来改着改着就有匪浅的受益。

本人的博士论文从选题到写作都得到了导师蒋伏心教授的悉心指导和帮助，原先我从事的所谓"科研"，就像撒胡椒面一样，觉得什么好搞就搞什么，缺乏系统性和专一性，有时候文章即使写出，也还是一知半解的居多，后来结合个人兴趣，选择了蒋老师国家社科基金的子课题作为自己的主攻方向，在导师的启发下、多听师长讲、多听名家评的基础上，根据前人的研究成果，站在巨人的肩膀上才得以有了眼下的这本著述。

因此，我除了要感谢我的导师蒋伏心教授之外，还要特别感谢南开大学安虎森教授对我学业上的指导和帮助，安老师也是一位举重若轻、善于倾听的教学名师。学问我们先听他说，听他讲，学习他听我们说，听我们讲，讲说的中间照鉴了我们学业上的粗疏与困窘，于是我们也试着跟安老师一起追求卓越，精益求精，不觉间便驱逐了身上的懒惰和倦怠，鼓足了战胜困难的勇气。

此外，还要感谢南京师大商学院的赵仁康、华桂宏、傅康生、李政军教授，感谢江南大学的黄建康教授，南京审计大学副校长裴育教授，经贸学院的孙文远教授，王军教授等，感谢我的南京师大师兄弟妹董伟、马骥、高丽娜、汪丽萍、陈祖华和成春林诸君，可以说，得到他们的激励和帮助，是我一生的宝贵财富。

最后还要感谢我的家人。

崔到陵于南京莫愁湖畔
2017 年 8 月 20 日